권력

권력
유럽 정신사의 기본 개념 5

지은이 빌헬름 베르거 | 옮긴이 김옥현 | 처음 찍은 날 2015년 1월 6일 | 처음 펴낸 날 2015년 1월 13일 | 펴낸곳 이론과실천 | 펴낸이 김인미 | 등록 제10-1291호 | 주소 (121-842) 서울시 마포구 잔다리로 71 (서교동, 아내뜨빌딩) 503호 | 전화 02-714-9800 | 팩스 02-702-6655

Macht (Grundbegriffe der europäischen Geistesgeschichte, 10 vol)
By Wilhelm Berger, edited by Konrad Paul Liessmann

ISBN 978-89-313-6059-2 04160
978-89-313-6054-7 (전10권)

*값 9,800원
*잘못된 책은 바꿔 드립니다.

유럽 정신사의 기본 개념
05

권력

Macht

콘라트 파울 리스만 편저
빌헬름 베르거 지음 | 김옥현 옮김

이론과실천

지은이 감사의 글
토론과 조언을 해준 야콥 구겐하이머, 키르스틴 메르크리치, 클라우스 라트실러와 베른하르트 비저에게 감사의 말을 전한다.

일러두기

1. 각각의 인용문 뒤에는 원저에 관한 정보가 있다. 예) (플라톤 1991a, 202) 맨 뒤 참고 문헌에서 괄호 안의 저자와 해당 연도를 찾으면 자세한 책 정보를 확인할 수 있다.
2. 단어에 대한 이해를 돕고자 설명이 필요한 곳에 * 표기를 하고 옮긴이 주를 두었다.

차례

왜 권력인가?

권력의 프로필

부록

왜 권력인가?

권력의 역사

권력의 역사

이미 많은 이들이 20세기는 권력의 세기라고 표현하였다. 세계대전은 세계를 황폐화시키고, 파시즘과 스탈린주의는 엄청나게 파괴적인 힘을 보여주었고, 원자폭탄의 발명으로 지구상의 생명은 살상의 위협을 느끼게 되었고, 힘의 양대 진영은 서로 대치하며 갈등들을 베트남과 한반도, 베를린과 쿠바 등 전 세계로 확산시켰다. 21세기에 들어서면서 권력이 미치는 영향력과 범위는 더 증가하였다. 무기기술은 완전해지고, 두 힘의 진영은 이제 다양한 갈등의 장으로 해체 및 전환되며, 생태계에 대한 침범의 결과들은 브라질의 열대우림까지 미치고, 전 지구화된 경제, 언론매체와 인터넷, 감시기술과 현대 바이오기술은 개인의 삶에 깊숙이 개입한다. 계몽의 시대 후 200년이 지난 오늘날에도 종교적, 정치적 근본주의들이 대중들을 동원하고 있다.

권력의 힘이 무시무시하게 증가할수록 사람들은 무력감과 무기력한 현실을 느낀다. 실물경제보다 몇 배나 큰 액수가 거래되는 세계증시와 전 지구화된 경제의 권력에 마주하여 국가들은 단지 사후 대응책을 세우는 데 급급하다. 갈등의 위협, 생태계 파괴의 영향, 대중매체와 기술적 네트워크의 영향으로부터 그 누구도 빠져나올 수 없다. 또한 동시에 권력은 늘 파악하기가 어려운 것처럼 보인다. 어느 국가든 부채를 지고 있는데 채권자들은 보이지 않고, 항상 익명의 권력이 작용하고 강제하지만 늘 실제 권력의 소유자는 꼭 집어서 누구라고 할 수 없으며, 갈등의 전선은 분명하지가 않다. 권력은 혼란스러운 방식으로 어디에서나 현존한다. 독일 사회학자 니클라스 루만은 이렇게 말한다. "권력의 권력(힘)은 본질적으로 사람들이 정말 무엇에 관한 것인가를 정확히 모르는 어떤 상황에 기초하는 것처럼 보인다."(루만 1969, 149)

권력과 무기력 사이의 점증하는 긴장은 시의적절하면서도 시급하게 권력의 함의를 다시 생각하게끔 한다. 이 주제는 밀접하게 관련된 많은 다른 질문들을 제기한다. 즉, 전 지구화 시대의 정치적인 것에 관한, 경제적 발전의 조정에 관한, 정치적 지배의 정당성에 관한, 끝으로 정의에 관한 질문들이다.

또한 역사 역시 권력의 개념을 사용하지 않고는 이해할 수 없다. 역사상 대제국의 하나인 로마제국이 전체 구조로서 어떻게 작동할 수 있었는가? 어떻게 그리스도교는 2천 년 동안 지속될 수 있었는가? 자본주의 경제와 현대의 과학기술문명은 어떻게 어디서나 작용하는 구조적 원칙이 될 수 있었는가? 나치즘은 어떻게 독일 사회에서 구축될 수 있었는가? 스탈린시대 재판에서 자신의 죄를 부정할 수 있는데도 무조건 인정한 피고는 누가 그렇게 만들었는가? 반대로 어떻게 구 동독과 같은 공고했던 권력체계가, 플로리안 헨켈 폰 도너스마르크의 영화 〈타인의 삶〉의 끝부분에서 점차 확실해지듯이, 그런 방식으로 붕괴될 수 있었을까? 이 영화의 끝은 중앙건물의 지하에서 개인 편지를 검사하는 좌천당한 두 명의 국가 안전부 간부가 라디오를 통해 베를린 장벽이 무너졌다는 소식을 듣고 말없이 서 있다가 집으로 돌아가는 장면이다.

따라서 페터 임부쉬(1998, 9)가 쓴 것처럼, 권력은 사회과학의 기본 개념들 중에 꼭 필요한 "상위 5개" 개념에 속한다. 민주주의에 관한 사회과학으로 인정하는 정치학은 권력의 개념을 포기할 수 없다.(그레벤 1991) 현대철학은 많은 분야에서—인류학적 질문들에서부터(플레스너 1931) 해방이론들까지(호네트 1985)—권력에 대해 몰두하고 있다. 권력을 의미의 생산자로서, 그래서 권력을 비판적으로 성찰한다. 사회심리학에서 심리분석까지, 심리학 분야(스트로츠카 1985)와 심리치료 학회까지 권력에 대한 연구는 아주 주요한 역할을 한다. 권력은 문학에서도 탐구되며(보르히마이어의 발렌슈타인 연구, 1988) 경영학의 문제로서 다루어진다. 짧게 말하여 권력은 하나의 범주를 뛰어넘는 그리고 범주들 간의 주제로서 아주 탁월한 개념이다.

그리고 동시에 하나의 문제가 연계된다. 이는 볼프강 소프스키와 라이너 파리스(1991, 9)의 문장에서 분명히 잘 나타난다. "권력에 대해서 말하는 사람은 사회에 대해서도 말하며, 사회에 대해서 말하는 사람은 항상 권력에 대해서도 말한다." 연작으로 제본된 역작 『권력의 역사』를 펴낸 미카엘 만(1990, 13)은 사회를 "조직화된 권력의 망"으로서 여기며 사회와 권력을 하나로 평가한다. 철학자이자 수학자였던 버트란드 러셀(1973, 10)은 1947년에 펴낸 그의 저서 『권력』에서, 물리학에서 에너지라는 개념이 그렇듯이 사회과학에서 기본 개념에 해당하는 위상을 권력의 개념에 부여하자고 제안했다.

이러한 일반화의 경향은 프리드리히 니체(1844~1900)까지 거슬러 올라간다. 그의 『권력에의 의지』는 권력 개념의 급진성과 확장에 한 획을 그었는데, 이는 위대한 기술적 발명, 경제의 지구화 경향과 고전적인 제국주의 시대가 시작된 점과 무관하지 않는다. 니체의 '권력에의 의지'라는 개념은 특히 나치에 의해 이데올로기 목적으로 잘못 사용됨으로써 평가절하된 면이 있고, 니체의 후기 단편들이 이 제목으로 조작되어 주 저작으로 된 면이 있지만, 니체의 관념 및 개념으로부터 파생된 결론들은 예전과 마찬가지로 현재 상황을 분석하는 데 유용하다는 것을 증명하고 있다. 하지만 권력이론을 현재화시키고 구체화시키면서 현대의 권력이론에 결정적인 영향을 끼친 학자는 누구보다도 프랑스 철학자 미셸 푸코이다.

니체에게 '의지'는 니체에서는 자유로운 주체의 의지가 아니라, 아르투어 쇼펜하우어(1788~1860) 사상의 전통을 이어서 존재에 대한 맹목적 갈망, 즉 존재하고자 하는 순수한 사실이다. 계속 의지에 대해서 묻는다면 결론은 이렇다. 신이나 자연에 의해서가 아니라 의지는 행동이기 때문에 이러한 의미로서의 '하고자 한다'이다. 모든 사물과 생명체는 어떤 초월적 원칙에 의해서가 아니라 갈망 그 자체에 의해서 존재하는 것이다. 갈망이 생존의 의지를 뜻하는 쇼펜하우어와는 다르게 니체는 '의지'를 애당초 확장의 개념으로 사용한다. 모든 것은 더 많고 더 강하고자 한다. 이러한 배경에서 니체는 생명체와 인간을 항상 극복과 좌절의 지속적 과정 안에서 끊임없이 권력을 강하게 또는 약하게 하고자 하는 행위자로 바라본다. 그리고 이 과정들은 공동의 목적을 갖고 있지 않기 때문에 그것은 필연적으로 이질적이다.

위에서 언급한 이론가들은 일반적인 정의定義 하에서도 다양한 차이점을 보이지만 기본적인 질문은 이러하다. 오늘날 권력과 연관되는 많은 복합적인 문제들을 타당하게 분석하고 설명할 수 있는 하나의 보편적인 정의가, 무엇보다도 필수적인 권력의 정의를 포함하여 가능한 것인가?

권력과 강제력(폭력)의 구별

세부적인 차이점을 살펴보기 전에 우선 일반적인 차원에서 권력과 강제력(폭력) 간의 차이를 근본적으로 구별해보는 것이 의미가 있을 것이다. 이 주제는 권력 개념을 둘러싸고 이미 논쟁 중이다.

이 구별은 먼저 엘리아스 카네티(1905~1994)가 그의 저서 『군중과 권력』에서 쓴 한 문장을 보면 분명해진다. "사냥꾼의 폭력에서부터 양치기의 권력이 된다."(카네티 1980, 222) 포수는 자기 앞에서 도망치는 동물들을 죽이고 사냥감을 포획하기 위해서 한순간 폭력을 행사한다. 반면에 양들을 은밀한 방법으로 키워서 순순히 복종하게끔 하는 양치기는 그 양들을 죽이기 전에 사육하고 돌보는 것이 그의 일이다.

카네티의 구별을 통하여 중요한 두 가지 차이점이 분명해진다. 첫째, 폭력의 부정성은 단정적인 행동이거나 어떤 특정한 태도나 무조건적인 복종 또는 도망을 강요한다. 권력은 폭력과 달리 동의 같은 것에 기초하고 있는 것 같다. 둘째, 폭력(강제력)은 그 실행의 결과가 부정적(파괴적)으로 소진된다. 장벽을 설치하는 것처럼 그 결과가 오래 지속되기도 한다. 그와 달리 권력은 무언가 새로운 것을 가져오기 때문에 창조적이라고 할 수 있다. 철학자 한나 아렌트(1906~1975)가 『마오쩌둥 어록』의 한 문장("정치권력은 총구로부터 나온다.")을 바꾸어서 이 두 측면을 모두 말한다. "총구로부터는 한 치의 머뭇거림도 없는, 한 마디 대꾸도 없는 복종을 불러오는 항상 효력 있는 명령이 나온다. 하지만 총구로부터 한 번도 나오지 않는 것은 바로 권력이다."(아렌트 1970, 54)

이 차이의 첫 번째 측면은 일찍이 철학적 개념발달사에 포함되었다. 소피스트인 레온티니의 고르기아스(기원전 483~375)는 단순한 물리력과 비교하여 권력은 무엇보다도 설득력이라고 정의한다. 중세 철학자 윌리엄 오컴(1285~1349)은 신의 권력에 관한 주제를 넘어서서 인간의 권력관계까지 관심을 넓혔다. 그는 단순한 힘이나 폭력(강제력)을 넘어서는 권력은 어떤 차원에서든지 인간의 동의를 얻어야 한다는 점을 통찰하였다. 그리고 게오르크 빌헬름 프리드리히 헤겔(1770~1831)은 아주 복잡한 방식으로 권력 개념을 사용하였고, 그 개념 하에서 개개인들의 연합(통일)을 주제로 삼았다. 이 연합(통일)은 폭력(강제력)에 의해서 얻어지는 것이 아니라, "하나의 인정을 얻은, 의식 속에서 정당성을 획득한 권력이 될 때" 비로소 얻어진다고 보았다.(헤겔 1970, 484 조항)

아렌트는 권력을 행동의 개념과 결부시키면서 폭력과 구별한다. 폭력(강제)은 개인에게 단순히 수동적인 태도를 강요하는 데 반하여 "권력은 […] 항상 사람들이 함께 행동하는 곳에서만 나온다."(아렌트 1986, 725) 이러한 정의에 따르면 행동한다는 것은 항상 개방적이다. 행동은 많은 사람들 사이에서 발생하기 때문에 항상 "복수複數의 사실"에 결부된다.(아렌트 1981, 14) 따라서 권력은 이러한 복수의 행동들이 하나의 집단적인 형태로 전이되는 과정이라고 말한다. "개개인은 결코 권력을 가질 수 없다. 권력은 하나의 집단이 함께할 때만이 그 집단의 소유에 속하며 유지될 수 있다."(아렌트 1970, 45) 권력은 각 개인의 행위로는 설명될 수 없고, 처음부터 행위자들 간의 관계라는 차원에서 의미를 갖게 되는 것이다.

집단이 일치한다는 것은 단순한 동의를 넘어서는 것이다. 일치함은 서로 다른 여러 형태로 만들어질 수 있다. 이 형태의 한계선은 아렌트에게는 공화국과 전체주의다. 이상적인 공화국에도 복수의 행동들이 조직화되고, 그리고 권력으로 등장할 때에야 비로소 정치적 공동체가 구성될 수 있고 나아가 동의를 얻을 수 있다. 권위와 제도들은 그 동의를 지지해준다. 전체주의 역시 복수의 행동들의 조직화와 다름없으나 "항상 운동성을 유지하는 운동으로"(아렌트 1986, 528) 어느 누구도 거기서 빠져나올 수 없는 전체주의적 동원으로 이루어진다.

권력과 폭력을 구별하는 두 번째 측면 역시 개념의 역사로 볼 때 깊은 뿌리를 갖고 있다. 기독교-중세 철학은 신의 전능함과 '신이 과연 자신의 창조질서에 반하는 행위를 할 수 있는가'라는 질문에 몰두했다. 권력은 모든 게르만 언어에서 힘을, 무엇보다도 생산력(생식력)을 어원의 뿌리로 갖고 있다. 이 단어는 마침내 '할 수 있다'

는 의미를 전달하였고 드디어 운명과 자연의 폭력(강제력)의 반대쪽에 서게 된다. 이것은 어원학적으로 독일 언어를 쓰는 지역에 유효하다. 하인리히 포피츠(1992, 12)는 '할 수 있다'라는 전제가 역사적으로 권력의 개념을 이해하는 데 본질적으로 함께 작용한 것은 늦어도 계몽주의 이후였다고 언급하였다.

프랑스 철학자인 미셸 푸코(1926~1984)는 권력을 '할 수 있다'라는 의미에서 만들어진 것, 즉 완성품의 과정이라기 보다는 과정으로서의 만듦으로—권력은 오직 "행사함으로써" 존재한다—이해했다.(푸코 1978, 70) 권력의 이러한 생산성은 17세기 이후에 시작된 역사적 전환과정의 결과이다. 신민들의 생산물과 노역을 단순히 "걷어가고" 그들의 생사여탈권을 휘두르는 것 대신에 "그들의 힘을 충동하고, 강하게 하고, 통제하고, 감시하고, 증진시키고, 조직화하는 전략을 만들기 시작했다. 이러한 권력은 힘을 빠지게 하고, 복종하게 하고, 부정하는 행위를 대신해서, 오히려 힘을 내게 하고, 증가시키게 하며 질서를 강화하는 것을 목표로 했다."(푸코 1979, 163) 그의 고전작품이 된 『감시와 처벌』에서 푸코는 이 변환과정을 19세기로의 이행 시기에 처벌기술의 변화의 예를 통하여 설명하면서 이렇게 결론을 맺는다. "마치 권력이 단지 '배제하고', '누르고', '몰아내고', '감시하고', '털어내고', '가면을 쓰고', '숨기고' 하는 것처럼 권력의 영향을 항상 부정적으로 기술하는 것을 이제는 지양해야 한다. 실제로 권력은 생산적이며, 그리고 권력은 실제(현실)를 만들어낸다."(푸코 1976, 250)

푸코가 여기서 하고자 하는 구분은 동시에 그가 통틀어 "억압의 가설"이라고 부르는 여러 형태의 권력 개념들에 대한 비판을 의미한다. 파울루 프레이리(『억압과 해방』, 2007)가 정치적 담론에서 사용하였던 배제와 억압 같은 개념이나, 고전적 심리분석에서 주요한 역할을 한 축출과 감시 같은 개념들이나, 또는 가면 같은 개념에는 늘 이중구조가 깔려 있다. 권력은 한편으로는 '어떤 것'의 (물리적으로나 이데올로기적인) 억압으로서 작용하며, 그리고 이 '어떤 것'은 다른 한편에서는 고유한 실제로서 존재한다. 피억압자는 자신의 해방을 기다리며, 억압자는 고유한 실제가 마치 가면 뒤에 숨어 있는 듯한 분명히 구별되는 위치를 가지고 있는 것처럼 보인다.

이 억압의 가설에 대한 비판은 정치적 수단으로서의 억압과 이데올로기의 존재를 부정하는 것이 아니라, 토마스 렘케(1997, 95)가 썼듯이, "권력과 실제가 외부적으로 연관된다는 그 사고방식과" 결별을 고하는 것이다. 이 비판으로써 단순한 강제의 "내면화"만을, "사무실 의자에서 매일매일 8시간씩 보내면서, 물론 쇠사슬은 필요치 않지만, 40~50년 동안 이 짓을 계속 반복하게끔 하는 내면화만을" 말하는 것은 아니다.(니츠슈케 1974, 125) 권력은 더 나아가 실제(현실)의 내부에 자리 잡고 있다. 현실은 동시에 권력을 부른다. 푸코가 자신의 방법론의 기초로 삼았던 이 "내재성의 규칙"은 권력을 사람들 간에, 그들의 정신과 육체, 지식과 구조 속에 심어둔다. 그 안에서 권력은 움직이며 사람들의 행동을 통해 현실화된다. 텅 빈 거리에서 신호등의 파란불을 기다리는 사람은 권력의 내재성을 잘 설명해주며 동시에 시간과 공간, 구조들이—이 경우에서는 신호등으로 조직화되어 있는—"사회적인 것의 주변조건"이 아니라 "상호작용

의 구성적 형태"라는 것을 또한 잘 보여준다.(소프스키 1993, 61)

권력, 지배, 폭력 간의 관계

아렌트는 권력과 폭력을 너무 양극단적인 것으로 구분하였다고 비판 받기도 한다. 파나요티스 콘딜리스(1992, 32)는 아렌트의 관점에 반대하면서 지배의 개념을 도입한다. 지배의 개념은 권력과 폭력의 대립을 연결시킬 수 있다. 지배는 '정당성'이나 일치함, '폭력'이 없이는 존립할 수가 없기 때문이다. 콘딜리스는 푸코에 대해서도 비판을 가하는데, 푸코는 권력과 지배의 개념적 경계를 없애버렸고, 따라서 권력과 폭력과의 비교를 할 수 없게 만들었다.

이론의 역사에서 보면 누구보다도 사회학자 막스 베버(1864~1920)가 권력, 지배, 폭력 등의 개념의 관계를 자세하게 다루었다. 베버는 권력을 "사회적 관계 속에서 자신의 의지를 타인의 반대에도 불구하고 관철할 수 있는 모든 가망성"이라고 정의한다. 이것은 "사회학적으로 무정형無定形이며", 말하자면 형체가 없으며 파악하기가 어렵다. 지배는 "일정한 내용을 가진 명령에 대하여 어느 특정의 인간집단이 복종할 수 있는 가망성"(베버 1980, 28)으로 정의가 되는데, 이는 이미 사람들 사이에 명령권자와 명령수권자가 구획화 되어 있는 구체적 질서나 제도를 전제로 하고 있다. 이 질서들이 권력을 묶어준다. 권력과 지배는 폭력과 연관 지으면 서로 모순적인 관계에 놓여진다. 지배는 상대방에 대하여—폭력의 한계를 정하는 주어진 질서 안에서 어떠한 명령이 역시 폭력과 함께 관철되어질 수 있는 독점, 한 예로써 체포명령—폭력의 독점을 요구하는 반면에, 권력은 폭력을 사용해서 현존하는 지배질서를 극복할 수도 있는 것이다. 기본적이지만 무정형의 차원의 권력과 협의의 구체적 차원의 지배와의 긴장은 베버 이후에 수많은 사회과학적 논쟁을 불러왔다.

베버에게 권력이나 지배는 모두 실체가 있는 개념은 아니다. 그것은 실존하는 현실을 뜻하는 것이 아니라 인간의 행위를 말하는 것이다. 그것은 권력과 지배가 시작될 수 있는 행위자들을 전제하고 있다. 행위자는 본인 스스로의 의지를 사회적 관계 안에서 관철하고자 하는 개인이다. 즉 명령이 시작되는 곳은 개인이다. 베버의 "방법론으로서의 '개인'"(노이엔하우스 1998, 86)은 국가나 무계급사회 같은 사회적인 것들의 통일성에 관한 어떤 이데올로기적 관념들에 반대하는 그의 입장의 소산이다. 베버와 달리 아렌트는 행위 그 자체가 이미 복수라고 보았으며, 그에게 권력은 항상 집단의 소유 안에 있으며, 집단은 권력을 통해서야 비로소 집단의 구체적 형태를 띤다. 푸코의 내재성의 규칙은 다시금 개인의 구체적인 모습 자체를 권력의 생산물로 본다.

전체주의적 지배에 대한 아렌트의 분석은 콘딜리스의 이의 제기를 약하게 하며 동시에 베버의 모델에 따른 지배 개념의 한계를 보여준다. 전체주의는 베버가 주목하였던 제도나 법 등의 모든 지배구조들을 경시한다. 그 지배구조들은 전체주의에 의해서 고삐가 풀리게 된 운동의 방해물이다. "전체주의적 지배기구를 우리에게 잘 알려진 역사상의 국가기구들과 비교해 보면 우리는 전자를 전혀 구조적이지 않다고 말할 수 있을 것이다. 사람들은 종종 다음과 같은 사실을 잘 잊어버린다. 건물은 단지 하나의 구조를 가질 수 있지만, 운동은 […] 오직 한 방향으로 나갈 수 있다. 그리고 법적이며 국가적 구조는 특정한 한 방향으로 계속 더 빠른 속도로 흘러가는 운동에는 장애물이라는 사실을 잊는다."고 아렌트는 기술한다.(1986, 621) 이런 점에서 볼 때 권력과 폭력(강제력)의 구별은 역시 타당하다. 전체주의적 테러 자체도 단순한 폭력이 아니고, "한 번도 단순히 파괴적이지만은 않고—체제의 반대편을 파멸시키는 의미로—어떤 식의 전체주의적 가상을 현실화하는 데 긍정적으로 기여한다."(아렌트 1986, 652) 아렌트 사상의 고유성은 바로 전체주의적 지배는 베버의 의미에서의 지배도 아니고 단순한 폭력 체제로 이해해서는 안 된다는 통찰에 있다.

그런데 이 통찰은 '정상적인' 권력에도 적용이 될 수 있을까? 권력과 폭력 간의 관계는 잠정적으로는 이중적 방식으로 파악할 수 있다. 루만은 폭력의 개입은 종합하면 권력의 실패라고 이해한다. 권력은 "마치 비현실적 소망 하에서, 말하자면 폭력은 행사되지 않을 것이라는 가정 하에서 폭력을 사용한다." 폭력은 잠재적인(가상적인) 것이 되고, 부정적 가능성으로서 안정화된다.(루만 1977, 477) 다른 한편으로는 실제로 폭력 행사는 권력의 측면에서 '생산적'이 될 수 있다. 레바논에 대한 이스라엘의 공습이나 세계무역센터에 가한 공격은 폭력의 행사이지만 그것은 아주 복합적인 권력의 영향력을 발휘한다. 새로운 양상이 베이루트에서 생겨나고, 조지 부시 대통

령의 재선이나 이라크의 이후 상황 역시 이러한 폭력 행사 없이는 설명될 수 없는 변화였다.

권력의 정당성과 수행

어떠한 경우든 폭력과 권력 및 지배의 구별은 우선 권력의 정당성에 관한 질문을 제기한다. 이 질문은 처음부터 이 구별과 뗄 수 없는 것이다. 권력이 폭력과 구분되고 동의와 연관되며, 또한 천부적이거나 자연적으로 주어진 것이 아니라면, 권력은 정당성을 가져야만 한다.

이 주제와 관련하여 근대로의 이행 시기에 철학은 신학의 유산을 이어받는다. 대표적인 것이 철학자인 토마스 홉스(1588~1679)의 계약론이다. 사상과 관념의 신학적 근거가 그 영향력을 상실하고, 시민으로서의 개인과 지배자 간의 관계가 문제로 부각되는 근대의 태동기에, 홉스는 1658년 그의 사회계약이론(1966a)을 완성한다.

홉스 이후로 권력의 정당성(정통성)에 대한 질문은 항상 특징적인 이중성으로 향하는데, 실제 권력이 한편으로 존재하고, 또 다른 한편으로 권력은 정당성을 얻으려 한다는 점이다. 정당성의 영역은 권력의 가면으로서, 다시 말해 이데올로기로 등장한다. 칼 마르크스와 프리드리히 엥겔스는, 이데올로기는 실제 권력 및 계급관계를 감추며, 동시에 개별적인 이해들을 공통의 이해들로서 "유일하게 이성적이며 보편적으로 타당한" 것처럼 묘사한다고 폭로했다.(마르크스/엥겔스 1981a, 47) 베버는 거꾸로 정당성의 영역을 분석의 중심에 두면서 지배 형태를 바로 정당성의 형태에 따라 구별한다. 즉 합리적-법적 질서(지배) 형태는 관료 행위의 합법성에 대한 신뢰로써 정당화하며, 전통적 질서는 통치자들이 그들의 소명을 도출해오는 전통의 신성함에 대한 신뢰에서 그 정당성을 찾으며, 카리스마적 질서는 통치자가 가지고 있는 영웅의 후광, 모범성, 개인적 권위에 대한 신뢰에서 그 정통성을 구한다.

지배는 공유하는 가치나 정당성에 대한 신뢰, 대단한 전설 같은 것에 기반을 둔다. "오직 지배의 정당성에 대한 요구가 '유효'한 것만이 관련이 있는데, 구속력의 '전설', 전형성典型性, 그리고 지배적 질서의 유효성은 정당성의 핵심이다."라고 노이엔하우스는 막스 베버의 사상에 대해서 말한다.(1998, 79) 이 전설에 관하여 베버는 "지배의 사실에 덧붙여진 이데올로기"가 아니라 일정 정도 그 지배를 통하여 획득한 정당한 질서 안에 존재한다고 (예를 들어 합리적-법적인 질서는 바로 관료주의적 행정의 합리성에 의해서 정당화한다) 언급하지만, 아직도 베버에게서는 질서(지배)와 그것이 표방하는 가치의 이중성을 분명히 확인할 수 있다. "막스 베버에게는 지배가 […] 항상 가치에 기초한 질서이지만, 그 질서의 정당성은 따라서 이해관계들에서 독립한 하나의 행위동기이다."라고 한스-게오르크 쇠프너와 디르크 탠츨러(2002, 24)는 그들의 저서 『형상적figurative 정치』에서 진단한다.

쇠프너와 탠츨러는 이 이중성에 대하여 반론을 제기한다. 그들 책의 부제("현대사회에서 권력의 수행에 관하여")는 방향을 제시한다. 수행하는 언사들은 언어학적 문장인데, 그것은 말하는 것을 그대로 실행한다. 내가 "나는 국회를 개원합니다"라고 말하면, 나는 동시에 그것을 시행한다. 권력이 수행되면 한편에서 권력과 이해들과 다른 한편에서 그것의 표현과 정당성 간의 모든 이분법적 구별은 사라진다. "결정의 과정과 권력의 표현, 정치적 실용성과 정치적 미학 등은 원칙적으로 하나의 통일을 이룬다."(쇠프너/탠츨러 2002, 27)

이러한 진단은 20세기 논쟁의 중심주제가 되었다. 1967년도에 발간되어 프랑스의 68혁명*에 커다란 영향을 끼쳤던 프랑스 철학자 기 드보르의 책 『스펙타클의 사회』(1996)나,—이 책에는 모든 현실이 그것의 대표(대의)들로서 대신되었다—또는 1947년 출간된 테오도어 아도르노와 막스 호르크하이머의 『계몽의 변증법』(1971) 같은 책들이—이 책은 오락물이 경제권력을 감추기도 하고 동시에 영화롭게도 하는 문화산업에 대한 비판을 가한다—이론적 기초를 제공했다. 예를 들어서 "정치적 결정에 앞서는 구별의 가능성을 해체하기 때문에 (예를 들어 안과 밖, 적과 동지 등) 정치적인 것은 종언을 고하였다."라고 이해하는 칼 슈미트(1888~1985) 같은 보수진영에서도, 그리고 포스트모던의 담론에서도 모두 이 주제들은 점차로 분명해졌다. 거대한 정당성의 이야기는 그 영향력을 잃어버렸을 뿐만 아니라 장 보드리야르는 실제 세계는 완전히 미디어의 시뮬레이션**으로 이전移轉되었다고 파악한다. "실제 세계의 고민"은 바로 "영상의 현실(실제) 근거가 없다는 것"인데, 즉 그 영상의 뒤로 은닉할 수

* 프랑스 5월혁명. 프랑스 드골 정부의 실정과 사회 모순에 대한 저항운동과 총파업 투쟁을 말한다.

** 초현실적인 이미지

있는 원래의 실제 자체가 더 이상 없다는 사실이다.(보드리야르 1978, 10)

20세기 말엽에는 아무튼 고전적인 권력 관념들은—권력을 가진 사람이나 그룹으로 분류하거나 그들을 분명히 구별할 수 있는 대상으로 생각할 수 있었던 관념들—그 기반을 잃은 것처럼 보인다. 권력은 물체들의(국가건물이나 기계 등) 상징에서보다 점차로 "유동성이나 유연성"의 상징들에서 더 연상이 쉽게 된다. 프란체스카 리고티(1994, 183)는 포스트모던적 권력 개념의 특징으로 바로 이 상징의 변화를 들었다. 권력은 이제 "'원래부터' 혼란스럽고 이리저리 분산된 듯이" 나타난다.(루만 1975, 43)

최신 권력이론의 문제점들

오늘날 권력에 대한 성찰이 사실상 시급한 것은 다름 아니라, 현재의 도전에 직면하여 가능한 이론적이고 실천적인 전략에 대한 개관을 얻을 수 있기 위함이다. 이러한 기획은 권력이 유동적이고 분산적이며 혼란한 속성을 가진 것이라고 진단한 상태에서는 설 자리가 없다. 독일 철학자 클라우스 하인리히는 그의 저서 『아니오라고 말하기 어려운 것에 관하여』에서 위의 진단 결과가 분명해지는 또 다른 상징을 찾았다. 즉 유동성의 세계는 하나의 "거품세계"이며, 그것을 아니라고 말하고자 하는 사람은 손에 아무것도 잡지 못하고 동시에 숨막히는 위협을 느낀다는 것이다.(하인리히 1982, 73) 그는 사유의 전략으로 이 세계의 재구체화를 시간과 공간으로써 시도한다. 권력 개념에 관하여, 권력의 유동성이나 유연성에 관한 진단을 시간의 축에서는 과정의 범주로서 그리고 공간의 축에서는 관계의 범주로서 구체화하는 것이다.

이미 푸코(1978, 110)는 "권력이 닻을 내리는 움직이는 구체적인 장소"를, 그리고 한 사회의 행위주체들 간의 과정적인 권력관계를 다루었다. 권력은 사회적 행위들에서 구체화된다. 즉 권력은 "많은 층위들 간의 지속적인 전개과정"으로서만 표현될 수 있다.(파리스/소프스키 1991, 10) 파리스와 소프스키는 이 과정들의 분석을 위해 권력의 일반적 조직사회학을 제안하였다. 그런데 조직 역시 그들에게는 고정된 구조물이 아니고 "지속적으로 전개되는 흐름이자 조직화되는 과정"이다. 이러한 종류의 사회학의 대상들은 이제 "사물이나 속성이 아니라 형태, 관계나 과정들이다. 그것은 어떤 구조물이나 단단히 형성된 체계들이 아니라 유형, 딜레마, 전개과정, 그리고 전환을 재구성한다."(파리스/소프스키 1991, 11 이하)

그럼에도 이 진행과정은 항상 하나의 *상대적인* 불변성이나 내구성을 가지고 있다. 푸코에게는 권력을 분석하는 것은 한눈에 역학관계를 분해하는 것이다. 이 역학관계는 결코 고착된 사회적 관계가 아니라, 힘들이 서로 부딪히고 연합하며 전개되는 관계이다. "권력이 모든 것을 포획하는 것 때문이 아니라 어떤 곳에든지 등장하기 때문에, 권력은 어디든지 존재한다. 그리고 바로 '이' 권력은—이러한 불변성, 반복성, 관성과 자가생산성을 가진—단지 모든 움직이는 것들의 총체적 효과이자 이 모든 움직이는 것들에 기반을 두면서 이것을 다시금 확고하게 만들고자 시도하는 연결고리이다.

의심의 여지 없이 사람들은 명목주의자가 되어야 한다. 권력은 제도도 구조도 아니고 누군가 소수 권력자들에게 부여된 일정한 힘도 아니며, 한 사회의 복합적이고 전략적인 상황에 붙여진 이름이다."(푸코 1979, 114)

이러한 시각은 세 가지 결과를 도출한다. 첫째로, 권력은 어떤 사람이나 제도의 소유물이 아니다. 행위자는 어떤 의도를 추구하지만 그 의도는 그 행위주체에 근거할 경우에는 설명되지 않는 것으로, 의도는 다양한 역학관계들 안에서 행위들의 결과 그 자체이다. 둘째로, 이 역학관계는 상하관계의 이분법 형태가 아니고, 지배자와 피지배자로 나눌 수도 없다. 물론 "권력이 있는 곳에는 저항이 있다."(푸코 1979, 116)는 말처럼 저항은 항상 이 관계에 내재적이다. 저항은 이 관계를 안정화시키기도 한다. 예를 들어 세르비아의 복합적인 전략적 상황은 코소보의 상황 없이는 파악될 수 없는 것처럼. 저항의 지점들을 전략적으로 연결시키면 안정이 아니라 거꾸로 혁명으로 나아갈 수도 있다. 셋째로, 권력은 지식을, 지식은 권력을 생산한다. 왜냐하면 "그에 상응하는 지식 영역을 구축하지 않고 존재하는 어떠한 권력관계도 없다. […] 그리고 동시에 권력관계를 전제하지 않는 어떠한 지식도 없기" 때문이다.(푸코 1976, 39)

이 과정들의 상대적 불변성 및 내구성에 관한 질문은 이로써 물론 대답이 되지 않았다. 예를 들어서 성별관계가 항상 두 사람 간의 구체적 권력관계로서 나타난다면 이 관계는 동시에 다른 여타의 모든 관계들, 즉 사회적, 제도적, 법적, 경제적인 관계의 규약에 의하여 규정될 것이기 때문이다. 푸코는 방법론적으로 미시관점과

거시관점으로 구별하였다. “권력의 미시물리학”은 행동양식을 정상화시키는 처리방식에 집중하는데 여기서는 합리화, 통제, 그리고 감시의 측면에 집중한다. “거시물리학”적 관점에서는 국가를 다룬다. 결코 모든 권력관계의 토대가 아닌 것으로 파악되는 국가는 물론 단지 미시물리학적 차원의 “각각의 권력 조정”에만 집중하는데, 토마스 렘케(1997, 121 이하)는 “이 권력 조정 없이 국가는 탄생할 수가 없었다.”라고 하였으며, 그리고 “이러한 상징과 묘사 개념들은 국가와 미세권력의 외부적 관계를 생각하게끔 한다.”는 점을 푸코 이론의 문제라고 주장한다. 이 지점에서 콘딜리스의 비판 역시 타당하다. “푸코가 국가를 권력관계의 제도적 통합으로서 정의한 점은 은연중에 부가된 양적인 관계를 암시하며” 그리고 “권력관계나 제도 및 설치들의 사회적 위계를” 설명하지 않는다.(콘딜리스 1992, 34) 권력의 과정적인 측면에만 몰두함으로써 푸코는 말하자면 권력의 상대적인 불변성이나 내구성에 관한 질문들에 관심을 잃어버렸다.

여기에 소프스키와 파리스가 제안했던 권력의 일반적 조직사회학은 하나의 연결점을 제공한다. 그들의 중심 개념인 ‘권력의 조형’은 과정의 범주와 연관성의 범주를 중개한다. “권력의 조형은 비대칭적이며 상호작용 관계들의 복잡한 그물조직이다. 여기에는 많은 사람들, 그룹들 또는 정당들이 서로서로 연계되어 있으며, 어떤 연관성의 변화들이 또 다른 연관들을 변화시킨다.”(소프스키/파리스 1991, 12) 권력 조형의 개념은 현대적 권력의 과정을 제도적 차원과 연계시키고자 하는 다수의 개념 중 하나다. 각기 특수한, 차후에 좀 더 정교한 측면에서 매체, 체계나 연결망 등의 개념이 이런 군에 속한다.

이러한 범주들은 무엇보다도 권력을 단순히 행위자들의 관계망으로서 다룰 뿐 아니라 이 관계망의 물질적 조건, 이를테면 기술이나 매체 등에도 주목할 수 있도록 한다. 한편으로 과정과 관계의 범주들과 다른 한편으로 상대적인 불변성의 문제를 매개하려는 시도가—이 시도를 통해 권력의 현상과 조건에 대한 구체적이고 사회과학적인 분석이 가능해진다—바로 현재 권력이론의 과제이다. 그리고 권력과 무기력 사이의 점증하는 긴장에 직면하여 이 도전은 항상 정치적이며 윤리적인 요소들을 갖는다.

권력의 프로필

제1장

고대의 권력: 민주주의의 '발견'과 최초의 제국

> 고대 그리스에서 공동체와 그리고 권력은 실제적인 문제였으며 처음으로 분명하게 이론상의 관심대상이 되었다. 이미 소크라테스 이전의 철학자들에게도 다수를 하나로 통일되게 하는 것이 중심주제였다. 소피스트들은 공동체 즉 도시, 폴리스polis의 맥락에서 권력을 문제로 삼았다. 폴리스 공동체에 위기가 닥쳐왔을 때에도 플라톤은 시공을 초월한 철학적 진리의 토대 위에 공동체를 구축하려고 시도하였다. 마침내 아리스토텔레스는 그의 철학을 통해 권력의 작용에 대한 복합적인 윤리학을 발전시켰다. 로마 철학은 최초의 유럽제국의 권력에 대해 숙고하였다. 사실상 철학은 제국의 거대권력 앞에서 무기력했으며 사적인 관심 영역으로 비켜갔다.

권력, 신화, 철학

그리스 철학은 있는 그대로의 사물에 대해 일정 거리를 두면서 발전해 나갔는데, 부정적 함의를 가지고 있는 *신화mythos*에서 파생하였다. 권력이라는 주제는 이미 이러한 사물과의 대립과정 안에 내재적으로 얽혀 있다. 그래서 서양철학의 시작과 함께하는 것이다. 권력은 실제로 유럽 정신사의 기본 개념의 하나다.

그리스 철학자 탈레스(기원전 585)에 의해 간접적으로 전승된 최초의 철학적인 문장은 단어 arché(근원)를 담고 있다. 만물의 근원과 끝은 물이다. 이 단어는 두 가지 의미를 전하는데, 즉 근원은 시작이자 근본이며 동시에 지배와 통치를 말한다. 대화편에서 역시 신화를 도입했던 플라톤(기원전 427~347)은 그의 역작 『국가』(1958, 389b)에서, 이상국가에서 꾸며낸 작품과 신화를 금지하려 하였지만 다른 한편으로는 신화의 도입을 "[…] 도시에 유용함을 주기 위한 기만"으로 파악하기도 한다. 이런 점을 볼 때 신화에 대한 철학의 대립 과정에서 공동체와 권력이 논쟁거리가 되었다는 것을 알 수 있다.

신화의 개념은 다면적이다. 여기서는 두 가지 측면만 다룬다. 한스 블루멘베르크는 신화가 자연적응에서 비적응으로의 도약으로부터 탄생했다고 본다. 이로써 세상은 낯설지만 여러 가능성이 열린 지평선으로 변화되는 것이다. 신화는 예측할 수 없는 것들 앞에서 갖게 되는 현존하는 일상의 두려움을 여러 상상을 통하여 "불신을 신뢰할 수 있는 것으로써, 설명할 수 없는 것을 설명할 수 있도록, 명명할 수 없는 것을 명명함으로써"(블루멘베르크 1996, 11) 두려움을 없애게 해준다. 신화는 근원과 관련지음으로써 단어 arché의 한 가지 의미인 근원을 찾아내고 설명한다. 철학자 장-뤽 낭시(1988, 99)는 두 번째 측면을 다음과 같이 말한다. 신화는 공동체의 건국 이야기다. 신화는 "신화적인 건국으로 돌아가고, 이 환원을 통해 신화 자체가 세워진다(하나의 의식, 민족, 이야기)." 단어 arché의 두 번째 의미에 가까운데, 이는 첫 번째의 의미인 근원과 섞여 있는 것으로, 근원의 지배, 지배로서의 근원이다.

바로 이 건국과 관련하여 신화와 소크라테스 이전의 철학은 대립, 경쟁하고 있다. 신화는 현존하는 세계를 구체적이며 설명할 수 있는 공동체 기원의 자명함에 근거해서 세운다. 소크라테스 이전의 철학자들 역시 근원에 대해, "누구로부터—어디에서부터"에 대해 물음을 던진다.(샤데발트 1978, 226) 하지만 근원은 구체적으로 분명하지 않은 사건이고, 하나의 원칙이 된다. 그들은 자주 *arché*로서 원칙을 표현하였다. 소크라테스 이전 철학자들이 물이나 공기 또는 불을 근원이라고 설명한 것은 자연철학자로서 해석한 것을 말해주고 있다. 그러나 철저히 실용적이며 정치적으로 참여하는 이 사상가들의 중심주제는 사실은 모순적인 힘들의 통일성에 관한 것이었다. 가장 두드러진 사상가는 헤라클레이토스(기원전 500)이다. "서로 대립하는 것은 통일이 되고, 모순에서 가장 아름다운 통일이 생성된다."(딜스 1906, B 48) 이 문장은 거의 정치적 프로그램으로 읽혀질 수 있다. 이미 고대에도 이 문장은 헤라클레이토스가 "자연에 관한 것이 아니라 국가와 공동체를 다룬 것이며, 물리적 요소들은 단지 하나의 예로서 사용한 것뿐이다."라고 이해하였다.(예거 1953, 136)

권력, 신화 그리고 철학은 모든 철학사에서 주요주제이다. 예를 들어 테오도어 아도르노와 막스 호르크하이머는 1947년 『계몽의 변증법』에서 그리스 신화의 힘에서 진리의 힘으로 이행되는 문명사에 관한 이론적인 모델을 기획하였다.

왕궁과 광장

신화로 입혀진 권력 형태들이 점차로 그 신화의 꺼풀을 벗을 즈음 권력의 이론적 문제들이 표면화되었다. 장-피에르 베르낭은 『그리스 사상의 기원』(1982)에서 왕궁과 광장(도시의 집회 광장, 시장)을 대비시켰다.

기원전 14~13세기의 미케네는 테베, 코린트와 함께 그리스 본토에서 가장 주요한 도시국가로서 왕에 의해서 통치되었다. 왕궁은 하나의 요새였으며 그 중심에 궁전이 있었다. 왕궁에는 지배의 상징으로서 보물이 있었다. 모든 사회적인 것은—종교, 군사, 정치, 행정 및 경제—왕궁에 집중되어 있었다. 그래서 이 지배체계를 왕궁경제라고 불렀다. 왕궁은 모든 산물과 노동의 유통을 매개하며 지출과 수입의, 즉 경제적 연결망의 중심이었다. 서기관은 회계를 맡았다. 왕궁은 모든 지역을 국가폭력(강제력)만이 아니라 이러한 매개를 통하여 편입시켰다. 주권자는 복잡한 지위 및 서열체계를 바탕으로 대소사를 다스렸다. 미케네의 전설적인 왕인 아가멤논에 관한 이야기 같은 신화들은 주권자의 형성과 관련된 여러 가지 원칙들의 상호작용을 말해준다. 이를테면 혈통과 출생신분의 원칙, 전쟁의 역사, 신에 대한 그의 관계 등이다.

1인 통치 형태는 구체적인 역사적 사건들로—인도게르만 민족의 대이동이나 그리스의 패퇴나 정복전쟁 등—인하여 위기에 빠진다. 복잡다단한 전환과정의 결과로서 에게 해는 그리스의 내해가 되었고, 기원전 800년경 해안에 도시국가가 새로운 문화를 꽃피웠다.

새롭게 형성된 집단적 통일체의 사회적 삶은 실제로 상호대립으로 특징지어졌다. 대립, 투쟁eris 그리고 친교의 통일philia은 공동체의 삶의 기본 축이었다. 한편으로 새로운 공동체는 불안한 귀족계급에 의해 통치되었는데, 그들은 점차로 다른 도시의 주민들과 경쟁하게 된다. 다른 한편으로는 그리스의 새로운 전쟁기술인 밀집중장비보병 부대는 귀족의 전사들을 대체해나갔다. 이들은 중장비를 갖춘 보병으로서 오랜 동안 계획적인 합동훈련을 통해서 상호 간에 배워갔다. 이들은 서로를 보호하게끔 조직되었다. 귀족의 군사들은 신화의 영웅들처럼 전장에서 혼자 용맹lyssa을 발휘하지만, 보병의 전쟁기술은 스스로 통제된 협동과 "폐쇄적으로 정렬된 대오로 싸우는 부대에 대한 높은 충성심을 전제로 하였고, 이를 통해 사회적 상호관계가 물리적으로 엄청나게 강화되어 도시공동체인 폴리스와 함께 발전하였다."(만 1990, 324) 그에 상응하여 점차로 재산 소유자들이 광범위하게 증가하여 남자 인구의 1/5에서 1/3에 달하였고, 이들은 필요한 무기를 장만할 능력이 되었다. 이러한 "전쟁 수행의 급진적인 민주화"(맥닐 1984, 21)는 그리스 도시공동체에서 그 의미가 과소평가되어서는 안 된다. 페르시아에 대한 그리스의 승리는 바로 이것 때문이라고 해도 과언이 아니다.(만 1990, 15)

바로 *eris*와 *philia*, 즉 대립과 통일이라는 역사적 배경 하에서 소크라테스 이전의 철학은 신화와 경쟁을 하였다. 다양성을 어떻게 통일시킬 수 있는가에 대한 질문은, 장-피에르 베르낭의 해석에 따르면, 다름 아니라 바로 "왕궁체계의 붕괴 후에 자유롭게 되고 자주 폭력적으로 갈등을 빚었던" 사회적 세력들에게 통일성을 부여하는 것이었다.(베르낭 1982, 36) 물론 최초의 권력이론가를 소크라테스 이전의 철학자들에게서 찾을 수 있다는 것은 과장된 주장이지만, 의심의 여지 없이 세력들 간의 관계로서 다양성과 통일성은 신화에서 벗어나서 이제 이론적 문제가 된 것이었다. 헤라클레이토스가 법을 인간이 만든 것으로서 파악하였다면 이것은 아주 기본적인 변화를 고려한 것이다. 즉 사고의 새로운 공간을 열었다. "*arché*의 개념은—지배자의 권력(폭력)—스스로 왕의 지배basileia라는 개념에서 벗어나서 독립을 얻게 되고 그 후로는 고유한 정치적 현실의 영역을 의미하게 된다."(베르낭 1982, 37)

정치적 현실은 소수의 지배(과두 지배나 참주 지배)와 다수의 지배 사이를 변화무쌍하게 오락가락한다. 도시국가로 잘 알려진 스파르타와 아테네에서는 전혀 다른 질서가 세워진다. 스파르타는 군대체계로 조직이 되고, 아테네에서는 솔론이 기원전 594년경 정치·경제적 위기 시대에 헌법을 제정한다. 소득에 따라 4개의 계급이 정치적으로 상이한 영향력을 행사하도록 제정하였지만, 최하층 계급도 민회와 재판정에 참여하여 동등한 투표권을 행사할 수 있도록 하였다. 따라서 이 헌법은 최초의 "국민주권의 제정"이라고 불리기도 한다.(바이어 1988, 38) 덧붙여야 할 점은 국민의 통일성과 시민의 지위 보장은 이방민족과 노예들을 배제한 가운데 이루어졌다.(비달-나케 1989, 159)

기원전 700년경의 최초의 그리스 서사시인 헤시오도스는 그의 책『일과 나날』에서 이렇게 쓴다. 악한 원수 관계와 선한 투쟁과 구별하는 것은 참여자의 평등을 전제하느냐 하는 것이다.(헤시오도스 1997,

25 이하) 이러한 투쟁의 무대는 폴리스, 즉 공동체 국가였다. 아테네를 주로 모델로 삼는 그리스의 폴리스는 완전히 새로운 사회적 공간이다. 집들은 더 이상 요새로 된 왕궁을 둘러싸고 모여 있지 않고, 오히려 성벽이 시민 전체를 둘러싸고 있다. 그것의 중심은 공공적인 도시의 회합장소인 광장agora(시장)이다. 궁전 대신에 시민광장이 부각되었고, 이곳이 공동체의 공공문화장소가 된다. 문자는 왕궁의 회계를 위해서 뿐만 아니라 '공공재'로서 법률의 기록이나 지식의 확대를 위해 쓰인다. 왕궁만의 특혜였던 것이 공유되고 개방된 것이다.

말의 힘(권력)

베르낭은 권력이라는 주제의 결론을 이렇게 요약했다. "폴리스 제도는 권력의 여러 수단 중에 특이할 정도로 말(언변)에다가 우선순위를 두는 체계에 기초를 두었다. 말은 더할 나위 없이 좋은 정치적 수단이 되었고 국가에서 권위를 얻는 열쇠가 되었으며 지배와 명령권을 획득할 수 있는 최상의 무기였다."(베르낭 1982, 44) 의례적인 왕의 말이나 명령에 비해 대중에게 회자되는 것은 논쟁거리가 되는 이야기였다. 그리고 그것은 중요한 결정을 가져왔다. 그것은 폭력이나 지배의 말이 아니라 대중을 설득할 수 있는 권력(힘)으로서의 말이었다.

대화술의 전문가들이 등장한 것은 전혀 놀랄 일이 아니다. 소위 소피스트(회의론자)들은 수사학의 선생이거나 권력에 대한 최초의 이론가로서 인정을 받았다.

그 당시 대다수의 사람들은 플라톤의 관점에서 그들을 보았기 때문에, 수사학자로서의 소피스트의 역할을 비판적으로 보았고, 그들과의 말씨름에 지쳐 있었다. 소피스트들은 대개 도시공동체와 일정한 거리를 둔 이방인이었고 돈을 벌기 위해 서비스를 제공했기에 권력의 기술자로서 보여졌다. 소피스트의 언변의 기원은 흔히 경기(내기)였다. 상대가 찬성이나 반대 의견을 내면 그것에 대해 반론을 펴는 것이었다.(콜리 1981, 80) 플라톤이 진리라고 이해하는 것에 비해서 이 내기는 얘깃거리가 되었다. 이 점은 역사적으로 보면 소피스트의 시대에 "정치적인 것이 처음으로 의식의 영역에 들어왔으며, 더욱이 실천적이고 정치적으로 실현시킬 수 있다는 의식의 영역으로 들어왔다."는 것을 말해주고 있는 것이다.(프타섹 외 1992, 50)

소피스트는 권력에 대한 최초의 이론가로서 평가를 받는다. 그들이 권력과 폭력을 개념적으로 구분하였으며 이로써 권력을 고유한 대상으로 정의했기 때문이다. 가장 오래된 문헌으로는 『펠로폰네소스 전쟁사』를 들 수 있다. 초기 역사가인 투키디데스(기원전 460~399)가 기원전 431~404년 사이 스파르타와 아테네 동맹군의 전쟁을 기록한 역사서이다. 『밀로스의 대화』에는 밀로스 섬 대표와 아테네 군인 간의 협상이 묘사되어 있다. 여기서는 권력의 맥락에서 참여 당사자 간의 다양하고 복합적인 협상의 가능성을 기록하고 있다. 권력과 폭력의 구분이 두 가지 측면에서 분명히 나타나 있다. 첫째로, 투키디데스는 대화의 상황을 이미 권력의 상황으로 묘사하고 있다. 그는 말의 힘과 벌거벗은 폭력의 긴장감을 그리고 있다. 다른 소피스트인 레온티니의 고르기아스(기원전 483~375) 역시 이 구분을 체계적으로 시도하였다. 둘째로, 밀로스 사람들은 권력과 연관되어 있는 정의와 명예를 협상 테이블에 올려놓은 반면에, 아테네 사람은 강자의 폭력에만 집착하였다.(투키디데스 2000, V, 84 이하) 권력과 정의의 관계는 플라톤에 있어서도 주요한 역할을 한다.

오늘날의 권력이론의 관점에서 소피스트의 생각을 조심스럽게 해석해 보면 주요한 두 가지 측면을 더 찾아볼 수 있다.

플라톤에 의해 소피스트(궤변론자)로 평가절하된 그들은 이론적이며 실천적인 새로운 지식이나 가능성을 소유하고 있었다. 심지어 프로메테우스나 솔론, 피타고라스도 소피스트로 알려져 있다. 첫째로 소피스트들은 언변술을 넘어서서 있는 그대로의 자연적인 것*physis*에 반하여 실천적인 새로운 것*techne*를 만들어내고자 추구하였다. 따라서 철학사가인 칼 라인하르트(1960, 221 이하)는 소피스트의 techne를 "완성하고 창조하고 능가하려는 인간 오성의 가공加功의 체계로서, 이제까지의 조직적인 성장의 놀라운 결과물"로서 파악하였다. 그것은 "객관적 진리를 다루는 자유로운 방식과 기술의 우월성"을 보여준다. 그래서 이렇게 충분히 말할 수 있다. 소피스트는 권력을 생산성(효율성)의 관점에서 바라본 최초의 이론가이다.

소피스트인 프로타고라스(기원전 480~410)의 유명한 문장 "인간이 만물의 척도"(딜스 1906, B 1)는 두 번째 측면을 잘 말해준다. 이 문장은 보통 과격한 주관주의나 상대주의로 이해되곤 한다. 좀 더 자세히 살펴보면, 도량*metron*은 소피스트의 의미체계에서는 외부의 제3자에 의해 사물에 부여된 것이기 때문에 척도가 될 수 없다. *Metron* 은 이미 서사문학이나 소크라테스 이전의 철학에서도 인간이 그 안에 포함된 정연한 우주질서의 의미로 사용되었다. 따라서 그 문장은 인식론적인 상대성주의를 말하고자 하는 것이 아니라 관계의 세계를 구상한 것이다. 즉 이 관계성 속에 인간이 연관되어 인식활동을 하고 있다는 점을 강조한 것이다. "소피스트에게는 인간은 주체가 되기를 멈추고, 오히려 관계들의 그물망으로서 간주되는 것이다. 자연에 대해, 신들에게, 타인에게, 다른 민족에게, 다른 성별에게, 그리고 국가와의 관계들로서 파악되는 것이다."(타우렉 1995, 8) 이는 권력과 관련하여, 소피스트는 권력의 개념을 세력들 간의 관계 속에 둔다는 것을 분명하게 말할 수 있다.

50년 동안의 페이시스트라토스의 참주정이 끝난 기원전 510년경에 이미 클레이스테네스(기원전 570~507)는 솔론의 헌법을 개정하였다. 이것은 정치적으로 특별한 의미가 있었다. 클레이스테네스는 아테네 공동체를 이해관계가 구조적으로 다른 세 지역으로 구획지었다. 도시, 농업지대 그리고 해안지대로 나누고 이 지역들을 다시 구역trittyen으로 구분하였다. 그런 후에 다시금 다른 세 지역에서 각기 하나의 구역을 선택하여 다른 세 구역을 묶어서 정치적 단일체phylen를 구성하였다. 여기서 국민회의의 형태인 500인 회의에 대표를 파송했다. 구체적인 상황에서 각기 다른 이해관계를 대표하는 자들은 자연히 섞이게 되고 상호 간에 연관성을 맺게 되었다. 이로써 자기들만의 개별적인 이익을 고집하는 소수의 또는 참주의 지배 형태로 떨어질 위험은 줄어들게 되었다.

플라톤과 아리스토텔레스

페터 프타섹은 초기 소피스트들의 명예회복에 나섰다. 소피스트들은 말(언변)로써 구체적인 목적을 최선으로 달성할 수 있는 매우 좋은 환경을 가지고 있었다.(프타섹 외 1992, 49) 폴리스의 이 환경은 플라톤이나 아리스토텔레스의 시대에는 이미 붕괴되었다. 도시의 위기는 국제정치적인, 그리고 경제적인 원인을 들 수 있다. 기원전 7세기 이후부터 화폐경제가 도입되고 도시는 점차로 상업사회가 되었다. 경제적 불평등은 심화되었고, 이것은 사회적인 차원에서도 뿌리 깊은 영향을 끼쳤다. 아리스토텔레스(기원전 384~322)는 이 점을 이미 간파하였다.

아리스토텔레스는 화폐가 중개의 긍정적인 역할을 하는 상업과 단순한 돈벌이를 구별하였다. 그는 두 종류의 경제활동을 대비시켰다. 시초의 경제활동인 가계활동은 가족구성원의 좋은 삶을 목적*telos*과 목표로 한다. 아리스토텔레스는 모든 구체적인 사실은 그 목적으로서만 이해될 수 있어야 한다고 하였다. 즉 눈의 목적은 보는 것인 것처럼, 사실의 본질은 목적이며 이것은 목표에 의해 제한적이어야 하고, 이로써 다른 사실과 구별되는 것이다. 하지만 돈벌이의 본질적인 특성은 바로 무제한성이다. "모든 사업가는 무제한으로 돈을 벌고자 한다."(아리스토텔레스 1989, 1257b, 20) 이익을 끝없이 추구하고 공동체의 목표를 이룰 수 있는 모든 구체적인 것들을 용해시켜서 국가의 통일성을 위협한다.

소피스트와의 논쟁을 통하여 권력의 개념을 전개해나간 플라톤은 폴리스의 붕괴과정의 배경을 보아야만 했다. 소피스트처럼 플라톤도 관계의 연결망에 주목했다. 다양한 의견들이 등장하는 그의 대화록에서도 쉽게 찾아볼 수 있다. 하지만 그의 대화는 항상 엄격한 방향을 갖고 있다. 소피스트와의 최대 논쟁을 담은 대화록 『고르기아스』에서처럼 권력의 관계에 대해서 논쟁할 때는 정의의 관념이 항상 등장한다. 어떤 맥락에서 정의로운지 아닌지는 자의적으로 취급되어서는 안 되고, 정의를 아는 사람이 판단해야 한다는 것이다. 이것은 선의 관념에서 나타난다. 선은 조화의 원칙이자 오직 "아름다운" 질서의 원칙이다. 플라톤은 이로써 권력을 이성과 연계시키고자 하였다. 힘은 강자의 것이 아니라 정의로운 편의 것이다. 정의로운 자의 행위에는 이성적이고 올바른 질서가 관철되기 때문이다.

플라톤은 그의 역작 『국가』에서 위의 주장의 구조를 하나의 조직모델로 구성하였다. 그는 인간의 육체와 국가를 유사하게 대비시켰다. 이 점은 홉스에게도 영향을 끼치는 소재가 된다. 개인은 자주 스스로 모순되는 욕구와 이익을 좇는다. 인생이 그렇듯이 지식이 많아질수록 인간은 이 모순들을 통일적이고 합치하는 '올바른' 전체로 편입시킬 줄 알게 된다. 국가 역시 모순들의 통일이다. 우리의 정신을 탐욕스럽고, 용맹하고 그리고 이성적인 부분으로 나눌 수 있듯이, 이상국가도 국가의 구성원을 육신적이고 탐욕스런 부분으로서 수공업자와 농민을, 용맹한 계층으로서 경찰과 군인을, 끝으로 국가를 하나의 통일적인 전체로 편입시킬 수 있는 엘리트 지배층으로 구분할 수 있다.

플라톤은 신분의 분류를 위한 선별작업으로 우생학적 요소를 가진 방식을 기획하였다. 즉 적재적소에 배치하여 전체에 편입될 수 있도록 하는 것이었다. 새로 태어난 아이들은 부모에게서 떨어져 양육되었다. 혈통으로부터 자유로워진 공동체가 탄생하게 되는 것이다. 아이들은 서로 다르지만 신분에 어울리는 교육을 받게 된다. 교육의 목적은 일반 국민에게는 근면을, 수비대는 용맹을, 지도자에게는 지혜를 가르치는 것이다. 지배층에게는 권력과 이성이 일치 부합하게 하였다. 『국가』에서 플라톤(1958, 473d)은 "철학자가 군주가 되지 않거나 군주가 지혜롭고 성찰하지 않으면, 즉 국가권력과 철학 이 두 가지가 일치하지 않으면 […], 국가는 해악으로부터 벗어날 길이 없다."라고 역설하고 있다.

플라톤은 정치자문가로서 자신의 모델을 시라쿠사에서도 실험적으로 시도하였지만 실패하였다. 플라톤의 이상국가론에 대한 아리스토텔레스의 비판은 그러한 실패의 이유들을 아마 고려하였을 것이다. "국가 전체가 가능한 한 하나로 통일되어야 한다는 주장은 사실상 어렵다. 국가가 점점 커지면서 동시에 더 통일적이 되어야 하는 것은 사실상 불가능하며 그런 국가는 없다. 속성상 국가는 하나의 다양성이다. 하지만 하나가 되어야 한다면 그것은 한 가정이 되는 것이고 결국 한 사람이 되는 것이다. […] 하지만 많은 사람들로부터 국가가 형성되고, 그 많은 사람은 각기 다른 사람들인 것이다."(『정치학』 1989, 1261a, 15) 아렌트(1986, 676)에 따르면 전체주의적 지배는 "무수히 다양한 모든 사람을 마치 오직 유일한 한 사람으로 통합시킬 수 있는 것처럼 조직하는 일"로부터 시작한다는 것이다. 아렌트의 이러한 논조는 아리스토텔레스 사상의 전통에 서 있고, 동시에 아리스토텔레스의 플라톤에 대한 비판과 맥을 같이하고 있다.

아리스토텔레스 역시 상이한 것을 조직하는 것에 관심이 높았다. 상이한 것은 그의 경우에는 정신 영역이 그러한 것처럼 지배와 피지배의 부분으로 구별된다. 그는 주인과 노예의 관계를 논쟁하면서 권력 개념을 발전시킨다. 한편으로는 주인과 노예의 관계, 또 다른 한편으로는 가정에서 남자와 여자와 어린이의 관계에 대해서 논하였다. 가정에서 사실상 자유인에 대한 지배를 말한 것처럼, 폴리스 역시 상호 바꾸어가면서 자유인에 대한 자유인의 지배로 특징지어진다. 모든 경우에 지배는 단순한 폭력의 행사가 아니라 중용과 정의로써 다스려지는 그러한 권력관계이다. 아리스토텔레스는 『정치학』(1989, 1260a, 39)에서 "통치자가 중용을 지키지 않고 정의롭지 않다면 어떻게 바르게 통치할 수 있는가? 피지배자가 중용을 지키지 않고 정의롭지 않다면 어찌 잘 다스려질 수 있겠는가?"라고 지적하고 있다. 양 극단에서 적절한 중간을, 올바른 기준을 찾는 것이 중용을 유지하는 것이다. 하지만 『니코마코스 윤리학』(아리스토텔레스 1972, 1126b)에서는 그 중간은 "고유한 스스로의 이름"을 갖고 있지 않다고 말하고 있다. 복합적인 권력관계 안에서 중도를 찾는 것이 매우 어려운데, 아리스토텔레스의 윤리학은 그 길을 안내하고 있다. 푸코(1986)는 고대 그리스에서 분출하는 욕망이 점차 문제가 되는 조건 하에서 아리스토텔레스, 플라톤뿐 아니라 크세노폰(기원전 450~354)도 관심을 가졌던 올바른 척도에 대한 담론을 재구성하였다.

최초의 제국

그리스 철학과 로마 철학 간의 연속성을 유지한 주요한 주제는 윤리적인 것이었다. 가장 영향력 있는 학파는 스토아학파와 에피쿠로스학파(기원전 342~271)였다. 이들이 마케도니아 지배 하의 아테네 민주주의의 위기 시절에 형성된 것은 우연한 일이 아니었다. 특히 스토아 철학은 로마 엘리트 계층의 지도적 이념이 되었다. 청년 스토아 그룹에는 네로 황제의 스승이었던 세네카(기원전 4~기원후 65), 황제 마르쿠스 아우렐리우스(121~180)도 포함되었다. 여기서의 윤리적 담론은 완전히 변화되었다. 즉 타인과 공동체의 맥락에서 개인이 아니라, 사적인 영역에 머물러서 외부에서 다가오는 모든 위협에 대해 만반의 준비를 하는 개인이 주된 주제였다. 스토아 철학의 처방은 금욕Apathie이라는 고통스런 과정을 통하여 고통과 두려움을 없게 하는 방책이었다. 에피쿠로스는 평정Ataraxie에 관심을 가졌는데, 운명적 사건과 죽음 같은 고통에 대해 흔들리지 않는 내면의 평화가 핵심 주제였다. 황제인 마르쿠스 아우렐리우스(1973, VI, 24)는 이러한 태도를 정치적인 것에 그대로 적용하였다. 그는 그의 저서 『명상록』에 "마케도니아의 알렉산드로스도 그의 말 조련사도 죽음 이후에는 똑같은 운명을 맞이하였다."라는 명문장을 남겼다.

스토아 철학의 중심개념이면서 자연철학적인 해석이 가능한 개념은 조심스럽게 말해서 체계systema이다. 이 개념은 사적인 영역으로 후퇴할 수 있는 동기를 주기도 했고 동시에 권력의 범주로 사용되기도 했다. 이미 플라톤이나 아리스토텔레스도 이 개념을 유기체의 통일 개념으로 사용하였다. 플라톤은 국가연합으로, 아리스토텔레스는 『니코마코스 윤리학』(1972, 1168b, 32)에서 부분의 통일로서의 국가 전체로 이 체계 개념을 정치적으로 사용하였다. 초기 스토아 그룹은 폴리스에 이 개념을 적용하였다. 후기 스토아학파는 어떤 한 부분도 떼어낼 수 없는 전체로서의 철학적 체계로 묘사하기도 하였고, 또 한편으로는 이런 사상은 우주는 전체로서의 체계라는 통찰력에 의해 더욱 단단하게 되기도 한다. 내적인 응집력이 있는 전체의 원칙은 마치 자기장처럼 이해되었다. 이 세계는 어떤 원리에 의해서 지배되는 것이 아니라, 바로 그 자체가 원리이자 신이고, 세계정신 또는 자연이라고 일컬어졌다. 마르쿠스 아우렐리우스(1972, VII, 9)는 "모든 것이 합쳐져서 세계가 존재하고, 신이 모든 것을 관통하는 하나의 육체적 질료이자, 법이자 이성이다. 모든 이성적인 존재의 공통이자 하나의 진리이다."라고 확신하였다. 체계는 우선 정치적 현실을 나타내고—스토아학파는 그 현실을 멀리하지만—그 후에 전체성의 원리가 된다. 그리고 그 어떤 것도 이 원리에 반하여 일어날 수가 없다.

현대적으로 말하자면 로마제국의 역사는 그러한 전체성의 의미로서 하나의 체계가 형성되어가는 과정이다. 처음에는 공화정에 기초한 군주제적 헌법을 가진 도시국가로서 출발한다. 이는 명문귀족들로 구성된 행정국가의 모습을 띠었다. 차차 황제의 제국으로 발전하지만 공화제적인 제도들이 부분적으로 유지된다. 300년경 이 제국은 100여 개의 지방 주로 나누어진다. 이들은 8만 킬로미터의 긴 도로로 연결되어 있다. 관할 영토는 중국이나 이집트 또는 바빌로니아보다 넓어서 최초의 "진정한 영토제국"이라고 불린다.(만 1991, 9) 역사상 가장 크고, 아주 오랫동안 정복을 한 제국이었다.

이 놀라운 업적과 그것의 역사적 배경은 단 몇 줄로 설명하기는 어렵다. 우선 전대미문의 위계적·분배적이며 수평적·집단적인 권력기능의 중첩적 연결구조를 들 수 있다. 이 중첩구조는 두 가지 면에서 잘 기능하였다. 첫째로, 공화국과 제국은 모든 내부적 투쟁을 관통하면서 하나의 계급에 의해서 지배되었다. "하나의 확장적 계급으로 토지와 노동력을 독점적으로 소유하고 정치적으로 조직화되어 있고 문화적으로 자부심을 느끼는 계급이다."(만 1991, 41) 이 계급은 초창기를 제외하면 정치적·문화적으로 동질의 하위계급의 도전을 받아본 적이 없었고, 무정형의 사회적 그룹들이 이 지배층에게 '빵과 놀이'를 제공하였다. 이들은 로마 또는 지방에서 노예 폭동이나 군인 반란이 일어날 때는 채찍으로 무자비하게 다스렸다. 둘째로, 공화정의 군사적 성공을 보장하기 위해 직업군인을 필요로 하였다. 이들은 군대 이상의 기능을 하였다. "보병은 진군하면서 길과 운하와 성벽을 쌓았고, 이것은 교통수단으로써 그들의 진군속도와 전투력을 상승시켰다. 어떤 지방이 교통의 중심지가 되면 세금이 부과되고 보충병이 강제로 차출"되곤 했다.(만 1991, 50) 군사비 지출은 '군대경제'라 부를 정도로 경제를 활성화시켰다. 기원전 100년에서 기원후 200년까지는 사경제와 군사경제가 하나로 맞물려서 돌아가는 특수한 경제구조가 만들어졌다.

이 통일성에 상응하여 도시나 건축물의 형태도 통일성을 이루었으며 개인숭배, 문화와 권력도 맞물려 돌아갔다. 제국의 흡인력은 어마어마했다. 패배한 적의 엘리트는 정치적·문화적으로 로마화되고 그들의 문화적 업적은 전승되었다. 주피터나 주노, 미네르바로 대표되는 로마 신의 세계에 이방 신들의 잦은 융합으로 로마의 종교성은 이중적 성격을 나타냈다. 신학적 차원에서는 실용적이며, 실천적 차원에서는 다양한 숭배나 의례가 일상을 지배하였다. 제국에 편입시키는 역할을 확보한 황제숭배는 신앙의 행위라기보다는 절대적인 충성을 나타내는 의식이었다.

이러한 체계의 복합성은 내적인 모순들을 많이 양산하였다. 로마의 지배자들은 순수한 의미의 통치자들이 아니라 권력술수가들이었다. 그들은 때로는 이러한 모순들을 노회하게 활용하여 권좌에 오르거나 권력을 유지하였다. 황제의 개인비서였던 수에토니우스 트란퀼루스(70~120)는 그의 저서 『황제들의 생애』(수에토니우스 1986)에서 매우 복잡한 권력관계 속에 놓여 있던 초기 통치자들의 운신의 폭과 전략을 생생하게 그려냈다. 초대 황제인 아우구스투스(기원전 27~기원후 14)는 두 청동 기둥에 인생에 대하여 새겨놓았다. 그는 권력이론가로서 평가될 수 있다. 왜냐하면 수사학자이자 철학자인 마르쿠스 툴리우스 키케로(기원전 106~43)가 이미 구분한 개념, 즉 지배로서의 권력과 권위로서의 권력을 청동상에 새겨놓았기 때문이다.(아우구스투스 1970, 41 이하)

폭력만으로는 지키기 어려운 지위라는 것을 황제는 이미 알고 있었다. 아우구스투스는 자신의 재임기간 동안 민심을 완벽하게 돌리는 데 성공하였다. 쇠락의 길에서 새로운 시대로의 전환을 이루어냈다. 파울 잔커(1990)는 아우구스투스의 재임기간에 지속된 문화 프로그램을 분석하였다. 그 시기에는 사회생활상, 의례, 국가행사들이 그림으로 묘사되었다. 회화의 권력(힘)은 개별적인 일들의 외양에서뿐 아니라 회화의 세계 안에서 서로 상호작용함으로써 발휘되었다. 그 회화는 정치적 행위, 의례, 도시의 모습, 가정집 풍경, 찬란한 보석, 생활양식, 심지어 머리 및 옷 스타일까지 모두 포괄하여 보여준다. 이를 통해 마침내 하나의 종합적인 국가신화가 탄생되는데 그 요소들은 아우구스투스라는 한 개인 안에서 국가의 상징적 일체성을 찾을 수 있게 한다.

도달할 수 있는 곳까지 정복한 다양한 세계들이 군사적, 경제적, 그리고 문화적으로 융합되어 하나의 세계가 되자, 곧 공공 영역이나 사적 영역에서, 그리고 외부적 또는 내부적으로 분열의 조짐이 생겨났다. 스토아학파의 철학자 에픽테토스(50~130)는 권력의 관점에서 이것을 언급하였다. "하나의 사물은 우리 손에 있고, 다른 하나는 없다. […] 우리의 손 안에 있는 것은 속성상 자유로워서 금지할 수 없지만 다른 하나는 우리로부터 벗어나 있다. […] 그것은 다른 사람의 권력의 영역에 놓여 있기 때문이다. 네가 자유롭지 않은 것을 자유롭게 여기거나 타인 것을 너의 소유로 여긴다면, 너는 걱정거리가 많을 것이며 […]. 반대로 네가 오직 너의 손 안에 실제로 있는 것만 너의 소유로 여기거나 […] 타인의 것을 남의 것으로 여기면, 아무도 너를 강요하거나 어떤 그 무엇에 종속시키지 못할 것이다."(에픽테토스, 바인카우프 2001, 216 이하 재인용)

제2장

종교의 권력

모든 근대이론의 핵심 가운데 하나는 세속화에 관한 것이다.(뤼베 1965) 세속화는 한편으로는 원래 종교적인 관념이 속세적인 의미로 전환되는 것을 말한다. 구속의 역사와 진보, 구원과 해방의 개념들이 이 예에 해당된다. 다른 한편으로 세속화는 막스 베버(1973, 612)가 "세계의 탈 주술화"라고 명명했던 합리화의 과정으로 이해된다. 20세기와 21세기의 종교에서 비롯되는 갈등뿐만 아니라 전 지구적인 재신성화 경향은(힐데브란트 외 2001) 예전과 다름없이 종교의 엄청난 잠재력을 보여주고 있는데 종교적 심성의 부흥이라고까지 말할 수 있다. 그 원인들에 대한 질문은 권력이라는 주제에까지 미치고 있다. 분명한 점은 종교의 힘은 그 인지적 내용, 교리(도그마), 또는 제도적 권력의 설득력에만 기초하는 것이 아니라, 더 나아가서 신앙인들의 "공동의 '호흡', 공동의 정신"(만 1991, 118)에서 나온다는 것이다. 이처럼 종교의 힘은 공동체, 사회화, 그리고 사회적인 것의 관점에서 토론의 주제가 되고 있다. 20세기에는 새로운 문제가 제기되었는데, 전통적인 종교적 제도들은 정치나 일상에서 점점 그 힘을 잃어가는 반면 "정치적인 것 자체의 과도한 종교화"가 점차 강해지고 있었다.(라프 2002, 128) 권력이라는 주제로 볼 때 종교는 여러 측면에서 관심을 끌기에 충분한데, 다른 어떤 영역보다 권력에 대해 광범위하게 숙고하게끔 만들기 때문이다.

전지전능과 자유

종교에서 권력의 문제는 유일하고 보편적인 신神의 원칙이 거대 세계종교들의 여러 방식을 통하여 세상에 등장한 지점에서 분명하게 나타난다. 특히 기독교는 성경에 기초한 고유한 전제들에 바탕을 두고 권력의 주제를 성찰하고 있다. 신의 전능함과 인간의 능력은 기독교 신학의 하나의 중심주제이다. 이 주제는 보편주의와 유일신 사상에서 자동적으로 제기되는 문제이다. 즉 오직 하나의 신만 존재하며, 따라서 이 세계에서 오직 하나의 원인만 존재한다면, 그 유일신 외에 그 어떤 두 번째 원인은 있을 수 없다.

이 점은 이 세상의 악의 존재라는 문제에 봉착하여 신의 옹호, 즉 변신론辯神論의 상황에서 가장 분명해진다. 고트프리트 빌헬름 라이프니츠(1646~1716)는 그의 저서 『변신론』(1968)에서 그 개념을 사용하였다. 그 전제들은 신의 전지전능함과 절대선이다. 이미 고대 기독교 철학자 락탄티우스(330년 사망)도 권력이론적인 문제를 위의 전제들로부터 제기하였다. "신이 세상의 악을 물리치려 하였지만 할 수 없다면, 그는 약한 존재로 판명되며, 이것은 신에 부합되지 않는다. 그가 할 수는 있으나 하지 않는다면, 그는 시기심이 많은 존재로 이것 역시 신의 속성과 합치되지 않는다. 그가 할 수도 없고, 하려고 하지 않는다면 그는 시기심도 많고 약한 존재가 되고, 따라서 신이 아니다. 만약 그가 하려고 하면, 할 수 있다면, 신에게 부합될 것인데, 그렇다면 죄악은 어디서 왔고, 왜 신은 그것을 없애지 않는가?"(락탄티우스 1983, 13. 21) 논리적으로 더 나아가서 아담과 이브가 금지된 실과를 먹을 것이라는 것을 전지한 신이 사전에 틀림없이 알았다고 생각해 보면 이 문제는 더 첨예화 된다. 신은, 간교한 선생처럼, 덫을 놓은 셈이 된다. 또한 신이 그렇게 할 수 없었다면, 구원의 역사는 왜 필연적이어야만 하는가?

신학은 이 문제에 대한 여러 가지 해결책을 찾아냈다. 신은 세계에서 발을 뺐다고 하는 유대교의 신비주의 교리로서 영지주의靈知主義는 매우 이질적인 종교 분파인데,(슬로터다이크/마호 1991) 피안의 완전한 신성으로부터 경향적으로 악한 창조신을 구별하였다. 한편 기독교 신학은 신의 의지는 우리가 꿰뚫어 볼 수가 없거나, 아니면 죄악은 더 나은 경지에 도달하기 위한 하나의 필수적인 통과절차라고 본다. 후자의 관점을 독일 철학자 헤겔은 세속적 해석방식으로 그의 역사변증법에 적용하였다. 라이프니츠는 이 세계를 모든 가능한 것 중에서 최고의 세계라고 간주하였고, 또 이 세계는 필연적으로 완전하지 못하다고 여겼다. 그렇지 않다면 신과 똑같이 동등할 것이기 때문이라고 생각했다.

권력이론적인 면에서 흥미로운 해결책은 자유를 허용하면서 전능한 신을 상대화시키는 것이다. 이 자유는 우선 천사에게 허용된 것이다. 신은 궁극적으로 시간의 끝에 완성되는 구원의 역사를 창조하였다. 이는 신이 인과적인 필연성대로만 펼쳐지지 않는 시간도 같이 창조하여야만 했다. 그렇지 않다면 구원에 대한 소망이 아무런 의미가 없기 때문이다. 다시 말하면 신은 하나의 요소, 즉 필연을 항상 새롭게 깨뜨리는 것으로 해체시키고 혼란스럽게 하는 요소가 필요하였는데, 바로 '악마Diabolos'이다. 요한계시록 12장 7절에서 언급하고 있는 옛 뱀, 곧 마귀이자 사탄인 것이다. 사탄은 필연에 반하여 행하는데, 자유 의지를 가지고 신의 지배에서 벗어나 있다. 사탄과 함께 함으로써 비로소 세계의 역사는 시작되고 자유의 가능성을 가지게 되는데, 바로 에덴동산에서 뱀이 인간에게 선물로 주었던 그 가능성이다. 그래서 미디어철학자인 빌렘 플루서는 그의 저서 『악마의 역사』에서 창세기에 나오는 문장("태초에 신이 하늘과 땅을 창조하셨다.")을 다음과 같이 변형시키고자 하였다. "악마는 시간과 역사, 변화와 동일하다. […] 이렇게 써야 한다. '하늘과 땅에 신은 악마를 창조하였다.'"(플루서 1996, 18)

이미 교부 아우렐리우스 아우구스티누스(354~430)는 신으로부터의 악한 천사의 타락을 "가장 높은 곳으로부터의 추방으로, 높지 않은 자기 스스로에게로 회귀"로, 즉 현대적인 표현을 하자면, 주체로의 회귀로 묘사하였다. 그것은 인과관계도 없이 자유로운 상태에서 일어난 것인데, 왜냐하면 "인간이 이 악한 의지의 원인을 찾으려 하면, 찾을 수 없기 때문이다."(아우구스티누스 1978, 66) 이 죄 역시 자유의지의 효과이다. 이 죄는 물론 인간 스스로에게서 찾을 수밖에 없는데,—아우구스티누스는 무엇보다도 욕망에서 찾지만—이것은 아담의 원죄 이후 인간에게 내재하는 것이다. 따라서 죄를 짓지 않겠다는 인간의 의지력은 약해져서 인간은 누구나 어느 정도는 죄를 짓게끔 되었다.

죄인으로서 인간을 규정함으로써 우선 죄사함(용서)이 가장 주요한 역할을 하게 된다. 아우구스티누스 역시 죄사함은 신의 전권으로 이해한다. 신약에서는 그리스도에게 이 권력이 귀속되고, 후에 사도들에게 위임된다. 요한복음 20장 23절에서는 "너희가 누구의 죄든지 사하면 사하여질 것이요 누구의 죄든지 그대로 두면 그대로 있으리라."라고 하고 있다. 초대 사도들 후에 교회권력의 본질적인 요소는 바로 이러한 그들의 역할에서 생겨나게 된다. 죄인들은 고해성사 때에 그들의 죄를 자유롭게 참회할 뿐 아니라 죄사함을 얻기 위해 높은 권력에 복종하고, 항상 스스로를 성찰하면서 그들의 생각, 말, 행동들을 높은 성직자의 기준에 비추어서 반성하였다. 푸코(1979, 27 이하)가 고해성사와 담론 간의 형식적인 유사성에 대해 밝혔는데, 근대 인문학은 담론과정에서 욕망을 고백하게끔 강요하였다.

신의 전지전능함에 대한 기독교의 다양한 해석의 문제점을 다음 질문이 잘 말해주고 있다. 신은 그에 의해 창조된 질서에 반하여 행할 수 있을까? 이 질문에 대해 엄청난 반향을 불러온 두 가지 답이 있다.

첫 번째로 신은 세계를 한 번에 창조했을 뿐 아니라 우주는 지속적인 창조의 과정을, 질서의 구축과정을 보여주고 있다는 관점이다. 이러한 관념으로부터 이탈리아 철학자 조르다노 브루노(1548~1600)는 가장 급진적인 귀결을 도출하였다. 그가 완전하다고 생각한 전지전능한 신의 가정은 세 가지 결과를 도출하였다. 창조과정에서 벗어나 있는 것이 없다면 외부라는 것은 없고 우주는 무한하다. 신은 완전하기 때문에 무한한 것을 창조하였다. 그리고 우주는 무한하기 때문에 신은 외부에 존재하는 그의 초월적 지위를 잃고 이 세계에 내재하게 된다. "다다를 수 없는 신의 형상의 무한한 모형으로서 헤아릴 수 없는 부분과 세계 들이 존재하게 된다. 따라서 완전함의 셀 수 없는 단계에 기반을 두고 […] 셀 수 없는 개체가 존재해야 하고 […], 이러한 셀 수 없는 집합을 수용하기 위해 무한한 공간이 필요하게 된다."(브루노 1994, 42)

가톨릭교회는 이것을 받아들일 수 없었고, 결국 브루노를 화형시켰다. 교회는 두 번째 해석을 받아들이면서 신의 권능을 그에 의하여 창조된 필연성과 연계시켰다. 그러나 이 역시 신의 전능함의 전제가 결국은 무한함과 내재성으로 결론지어졌다. 알렉상드르 쿠아레(1980, 12)는 세계사적인 전환을 설명하면서 "유한하고 폐쇄되고 계층적으로 질서화된 전체로서 표상된 세계관은 […] 해체가 되고, 경계가 없고 무한한 우주관으로 대체되었다는 사실이다. 이 우주는 근본적인 구성요소들과 법칙들의 통일성으로 유지(연합)되며, 모든 구성요소들은 우주 내에서 존재의 동일한 단계에 위치한다." 신이 이 연합체의 내재적 원칙이라면,—"신은 내재적이며, 다른 것으로 이행하는 (외재적인) 원인이 아닌 것이다."(스피노자 1976, 24)—스피노자(1632~1677)가 표현했듯이 "신 혹은 자연deus sive natura", 즉 신과 자연의 교체가능성과 신의 자연화에 이르게 된다. 이렇게 근대의 자연과학은 신학을 유산으로 얻는다.

신의 권력과 인간의 권력

힌두교에서는 인간, 사물 그리고 인간이 숭배하는 유한한 신들 모두가 유일한 근원적 힘의 현시顯示로 보는 데 비하여, 기독교는 신의 전능함을 우선은 일정 정도 외부화 시키며 초월적 영역으로 둔다. (절대) 전능함의 외재화는 인간의 지배를 급진적으로 상대화 시켜버린다.

이러한 인간의 지배의 상대성에 내포된 긴장은 사도 바울이 기록한 로마서 13장 1절에 잘 표현되어 있다. "각 사람은 상위에 있는 권세들에게 복종하라. 신으로부터 나오지 않은 권세가 없기 때문이니, 모든 권세는 다 신이 정하신 것이다." 이는 한편으로는 모든 권력은 신에게 있다는 것이다. 아우구스티누스는, 인간은 단지 이성 없는 자들 이외에는 그 누구도 지배할 수 없지만, 세속의 지배(권력)의 필요성은 단지 징계용 채찍이 필요한 인간의 죄성 때문에 정당화 될 뿐이라고 하였다. 다른 한편으로는 인간의 지배는 신에게서 부여 받았다는 것이다. 권력의 정당성은 인간의 이기적인 목적이 아니라 신의 뜻에 합당할 때 입증된다. 이 긴장이 이 땅에서 신의 뜻을 대표하는 제도로서 가톨릭교회의 권력의 근원이 된다. 그리고 동시에 정신적 지배와 세속적 지배 간의 실질적인 대립의, 특히 중세시대의 교황과 황제 간의 대립의 소재가 된다.

이런 배경 하에 중세시대의 철학이론과 신학이론들은 복잡한 갈등에 빠져든다.(울만 1960) 교황 측에서는 예수가 사도 베드로에게 언급한 마태복음 16장 19절에서 그들의 권력의 원천을 두고 있다. "내가 너에게 천국의 열쇠를 주노니, 네가 땅에서 매면 무엇이든지 하늘에서도 매일 것이고, 무엇이든지 땅에서 풀면 하늘에서도 풀릴 것이다." 즉 교회가 세속의 모든 것에 대하여 정당하고 직접적인 지배권을 행사하는 것이다. 그에 반하여 적어도 두 가지 입장이 형성되었는데, 그 하나는 대표 격인 토마스 아퀴나스(1225~1274)의 타협적인 입장이다. 그것은 사회적 동물인 인간의 본성에서 나오는 세속적 지배를 인정함으로써 국가와 국가 지도자의 지배를 필요로 한다. 하지만 국가는 단지 영원한 구원의 목적에 이르게 하는 단순한 수단이기 때문에 교황이 세속의 지도자들을 지도하는 것이다.(플라슈 1987, 140) 두 번째 입장은 윌리엄 오컴이 취했던 것으로 영(정신)적인 지배와 세속적 지배를 개념적으로 구별하는 것이다. 그 전제는 성서에 기초하는데 고린도 후서의 3장 17절에 근거하고 있다. "주는 영이시니, 주의 영이 계신 곳은 자유함이 있다." 교황의 영적인 권력은 사도 베드로의 후계자로부터 직접적으로 도출할 수 있으며 그래서 추가로 타당성을 설명할 필요가 없다. 하지만 문제는 자유 신자들에 대한 목자들의 권력에 관한 것이다. "그래서 예수께서 사도 베드로에게 양들을 치라고 했을 때, 예수께서 걱정한 것은 사도 베드로가 아니라 양들이었다."(오컴 2000, 303) 또한 세속적 지배는 신약에서 신의 질서로서 인정되었는데, 그것은 물론 인간의 동의를 얻을 때이다. 따라서 교황의 영적인 권력은 세속적인 권력에까지 미치지 않지만, 또한 구체적인 세속적 권력에 대하여 동의하기를 거부하는 행위 역시 신의 질서에 어긋나지 않은 행동인 것이다.

권력비판으로서의 종교비판

19세기의 종교비판 역시 초월적인 영역에서의 전능함의 외재화에 대하여 이루어졌다. 종교비판은 고대 철학자 크세노파네스의 전통을 따랐다. 그는 신의 인간화(신인동설)로서의 종교를, 즉 인간속성을 신에게 투영한 기획으로서 비판하였다. "인간은 신이 인간과 같이 태어나고, 옷을 입고, 목소리와 육체를 가진 것처럼 여긴다."(딜스 1906, 21 B 14) 더 나아가서 종교비판은 그러한 기획이 오류가 아니라고 간주하였을 뿐 아니라 진지하게 받아들인다. 철학자 루트비히 포이어바흐(1804~1872; 1974, 53)는 이렇게 썼다. "신에 대한 의식은 인간에 대한 자의식이고, 신에 대한 인식은 인간에 대한 자아 인식이다. [⋯] 신은 다름 아니라 인간 자신의 내면을 드러낸 것이다. 종교는 인간 내면의 숨어 있는 보석을 장엄하게 드러낸 것이다. [⋯] 인간은 내면에서 찾기 전에 먼저 그의 본질을 외부로 이전한 것이다."

이상의 종교비판은 권력이론적인 측면에서 세 가지를 주목할 만하다. 첫째로, 신성함, 특히 신의 전능함은 보편성과 초월성의 이름이자, 종으로서 인간의 발현에 대한 이름이다. 이는 사실상 인간이 그의 역사에서 이미 개척해온 자연에 대한 권력뿐만 아니라, 인간과 인간 사이의 관계에 대하여 연관된 이름인 것이다. 둘째로, 이 보편성과 초월성이 어떤 인물, 형상, 이름과 제도 등에 연관될 때 이것은 소외를 뜻한다. 즉 자기 스스로의 가능성으로부터 소외된다는 것이다. 셋째로, 종교비판은 이제는 신의 부재에 대한 증명이 아니라 이 소외를 지양하는 작업을 의미한다.

특히 칼 마르크스(1818~1883)는 포이어바흐의 종교비판을 더 비판적으로 계승한다. 그는 포이어바흐의 인류학적인 주장을 구체적·사회적인 차원으로 전환한다. "이 세계의 토대가 스스로 부상하여, 하나의 자립적인 제국으로서, 마치 구름 속에 고정된 것 같은 사실은 단지 이 세계의 토대가 스스로 분열되고 모순된 것으로 설명할 수 있을 뿐이다."(마르크스 1981d, 534) 포이어바흐에 있어서 인간이 신의 전능함에서 기획했던 종으로서의 보편성은 "따라서 실제로는 자연을 신의 비유기체적인 육체로 만든 보편성에서 나타나고,(마르크스 1981b, 515 이하) 생산력과 생산관계의 영역에서, 즉 노동에서 나타나는 것이다. 자본주의적 생산조건 하에서는 인간은 그의 보편성으로부터 동시에 소외되는 것이다.

이로써 칼 마르크스는 "하늘에 대한 비판을 땅에 대한 비판으로, 종교비판을 법의 비판으로, 신학비판을 정치비판"(마르크스 1981c, 379)으로 전환시켰다. 이로써 종교는 포이어바흐에서 차지했던 중심적인 위상을 점차로 잃게 되었다. 종교는 결핍을 메워주고 인간이 인간 스스로에게 주는 위로의 수단이 되었다. "종교는 곤궁한 사람들의 탄식이고, 심장이 없는 세계의 감정이며, 정신이 없는 시대의 정신일 뿐이다. 종교는 인민의 아편이다."(마르크스 1981c, 488) 이 마지막 문장은 하인리히 하이네로부터 마르크스가 인용하였다. 하이네는 루트비히 뵈르네를 추모하면서 종교를 정신적인 아편이라고 말한 바 있다.

독일 철학자들에 비해서 프랑스 계몽주의자들의 종교비판은 조야한 편이었다. 후에 레닌에게도 그러했지만, 종교는 인민을 위한 아편으로 비쳐졌다. 계몽주의자 폴 앙리 바론 올바크(1723~1789; 1970, 55)는 "종교는 인간을 도취하게 만드는 기교일 뿐이다. 그것은 인간으로 하여금 그의 지배자들이 늘 괴롭히는 악행들을 간파하지 못하도록 방해한다."라고 하였다. 종교적 믿음은 인간의 무지와 가벼움 그리고 지배자의 기만에 기반하고 있다. 예거와 링크(2006, 7)가 언급했듯이, 이런 주장은 물론 "의도적인 권력술수와 함께 의식적인 기만술수를, 그리고 속은 편의 어리석음을 전제하고 있다." 진화론자이며 급진적인 무신론자인 리차드 도킨스는 그의 책『광신』(2007)에서 과학적 수단들을 통하여 신이 없음을 증명하고자 하는데, 앞의 종교비판 전통의 연장선에 있다.

종교와 공동체의 권력

프랑스 혁명의 와중에 "이성숭배"와 "영웅숭배" 사상이 나타나고(모세 1976, 24) 계몽주의자 볼테르는 "신이 존재하지 않는다면, 인간은 신을 발견해야 한다."고 말하기조차 했는데, 이 모든 것은 종교비판의 끝판을 보여주고 있다. 하지만 권력이론적인 관점에서 보면 역사적으로 종교의 엄청난 잠재력은 기획, 보상, 손실 그리고 인간의 가벼움, 무지 또는 성직자의 기만 등 어떠한 개념으로도 설명되지 않는다. 기독교는 로마제국 후에 오늘날까지 2000년 동안 지속되면서 보편적인 권력구조로서 성립되었다. 유대교는 전 세계에 흩어져 있던 유대인을 모이게 하여 이스라엘 국가를 재건하는 데 주요한 역할을 하였다.(주커만 2006, 127 이하) 예언자 마호메트는 제국의 구조를 전혀 몰랐던 유목민족을 수십 년 안에 연합하는 데 성공하였다. 힌두교는 군사적이고 정치적인 조건들과는 거의 상관없이 광범위한 종교를 생성하였는데, 오늘날 8억 5000만 명 정도의 신자를 갖고 있다.

이러한 놀랄 만한 위업들을 설명하는 데 종교사회학적인 관점이 유용하게 쓰인다. 이 분야에서 에밀 뒤르켐(1858~1917), 게오르크 짐멜(1858~1918), 그리고 막스 베버 등이 대표적인 학자들이다. 이들의 출발점은 종교는 사회를 구성하는 데 있어서 기본적인 의미를 부여해준다는 통찰력이다.

뒤르켐의 고전적인 정의에 따르면 사회는 단순히 국가폭력에 의해서만이 아니라 규범에 의해서 이루어진다. 따라서 그는 사회과학의 가장 중심주제로 종교를 자리매김하고자 하였다. "종교는 신성한 것, 다시 말해 구별되거나 금지된 것과 관련된 신념과 행위의 연대체계, 그것을 따르는 모든 사람들을 교회라 불리는 단 하나의 도덕적 공동체에 통합시키는 신념과 행위의 연대체계인 것이다."(뒤르켐 1981, 52) 종교는 그것의 제도인 교회로부터 분리할 수 없다. 왜냐하면 교회는 구별된 영역으로서 신성함을 대표하기 때문이다. 이기심의 세계이자 교환의 세계인 이 세속의 세계는 그 질서와 존립의 근거를 그것과 완전히 구분된 성스러운 영역에서 찾는다. 이 영역은 금지들로 보호되고 있다. 성스러운 영역은 이 질서의 진수를 나타내는데, "신자들이 도덕적 힘의 존재를 믿고, 그것에 의존하고 자신의 최선을 그것과 관련시킬 때, 신자들은 실망하지 않는다. 그 힘

(권력)이 존재하고, 그것이 바로 사회이다."(뒤르켐 1981, 309) 뒤르켐의 이 구분에 근거하여 신성한 것과 세속적인 것의 관계는 미르체아 엘리아데(『신성한 것과 세속적인 것』, 1995) 또는 로제 카이와(『인간과 성스러움』, 1988) 등의 주된 주제가 되었다.

역사적 관점에서 보면 종교의 역할은 "자연적인 종의 구성원들을 역사적으로 생겨난 사회적인 질서 속으로 전환하는" 것이었다고 종교사회학자 토마스 루크만(1991, 165)은 밝혀냈다. 이러한 출발점은 두 가지 측면을 갖고 있다. 의심할 바 없이 "자연적인" 종은 어떠한 방식으로든 위기에 빠지게 마련인데, 이에 대해 종교는 그때마다 해결책을 제시한다.

게오르크 짐멜은 사회적 상호작용의 관점에서 사회를 분석하였다. 그는 사회의 발달사에 대해 "개인들의 직접적인 상호규정들이, 그것으로부터 공동체적인 삶이 시작되면서, 특별한 자율적인 조직으로 성장해간다."(짐멜 2004, 78)고 특징지었다. 개인들 간의 구체적이며 의심의 여지 없이 서로 소통되는 관계들이 이제는 추상적이며 사회적인 제도들을 통하여 매개된다. 개인들은 개별화되고, 원래 구체적인 관계에서부터 "추상적이며 이상적인 내용"이 생성된다. "하나의 추상적이며 이상적인 내용 […]: 신, […] 그는 여지껏 단지 현실의 삶의 내용 속에 녹아 있었고, 단지 관계형태로만 실존했던 그것을 신의 본질을 통하여 구별되게 드러낸다." 이 이념(이상)들의 복합체는 "이제 동시에 성직자 신분을 통해서 행정적이며 노동 분업적인 담지자", 즉 하나의 제도를 얻게 된다.(짐멜 2004, 79) 이러한 역사적인 설명과 관련된 동기를—다시 말해서 종교는 개인들의 개별화 과정에서 동반되는 급속한 불안에 대하여 공동체를 제공함으로써 해결책을 제시한다—짐멜은 그 시대의 현장에 적용한다. 종교적 공동체는 개인들을 묶어주고 동시에 초월성의 형태로 옷을 입혀줌으로써 "불안과 불확실성을 […] 잠재우고 확실성을 주는 것이다."(짐멜 1995, 72) 이를 통해 개별자들은 마침내 "거부할 수 없는 권력(힘)에 결합되어 있다."고 생각한다.(짐멜 1995, 111)

막스 베버는 사회학자인 페르디난트 퇴니스(1855~1936)가 고안한 공동사회화와 이익사회화라는 한 쌍의 개념을 사용한다. 『공동사회와 이익사회』는 1887년에 처음으로 출간되었다. 공동사회Gemeinschaft는 신뢰에 기초한 구체적인 공동의 삶을, 이익사회Gesellschaft는 광범위하게 추상적인 관계로 사는 것으로 퇴니스는 파악하였다. 베버(1972, 21)는 공동사회화는 "주관적으로 느끼는 (애착을 가지든 혹은 전통적이든) 공동귀속감"에 기초하고, 이익사회화는 (목적)합리적인 이익균형에 기반을 두고 있다고 설명한다. 행위자들은 이것들과 함께 주관적인 의미를 연관시켜야 한다. 공동사회의 함의는 책임과 명예와 같은 가치들에 구체화 되어 있는 공동귀속감이라면, 이익사회의 함의는 목적과 수단지향적인 이해관계의 연대이다.(기싱 2002, 48) 종교는 공동사회의 한 전형이자, 또한 이익사회의 영역에서도 작용하고 있다. 이로써 베버는 뒤르켐에 의해서 엄격히 구분되었던 신성함과 세속의 구별을 넘어선다.

학문, 경제와 행정을 통한 합리화의 역사적 과정을 거치면서 이익사회의 함의인 목적과 수단의 경향이 강해지게 되었다. 베버는, 그것을 공동사회의 책임과 명예와 같은 가치에 결합시킬 수 있는 특수한 역량을 발휘한 것이 칼뱅주의의 프로테스탄티즘이라고 분석하였고, 이것이 자본주의의 유지를 위한 정신적인 토대라고 보았다. 프로테스탄트 신학자인 장 칼뱅(1509~1564)의 이름을 딴 칼뱅주의의 핵심은 예정조화설이다. 즉 모든 인간은 처음부터 저주와 구원의 자녀로 선택되었다는 것이다. 이런 사상은 이미 아우구스티누스의 생각이기도 하였다. 베버의 해석에 의하면, 경제적 성공이 곧 신의 선택 여부의 기준이 된다. 개인은 직업의 성공을 통하여 자신이 선택됨을 보여주고자 한다. 이로써 목적합리적인 행위와 책임이 하나가 된다. "인간은 자신의 삶의 목적으로 직업을 얻는다."(베버 1975, 44) 역설적으로 보이지만 베버는 공동사회의 영역에서조차 칼뱅주의의 우월성을 주장하였다. "개개인은 […] 신이 그에게 준 직업과 신분에 기본적으로 머물러야 하고, 신이 이 구체적 지위를 지키라고 내린 명령을 완수해야" 하기 때문에, 신에 의해서 각자의 어떤 특정의 신분에 부여된 구체적인 공동귀속감을 통해 공동사회가 생성된다. 그리고 이러한 신분체계 속에서 총체적인 공동귀속감이 생성되게 된다.(베버 1975, 71)

종교적 권력의 기술

이런 배경 하에 세계 종교의 힘(권력)은 공동사회와 이익사회를 다양한 방식으로 하나의 "전체로서 인간성의 집합적 존재"로 묶어낼 수 있는가에 달려 있다.(만 1991, 126)

처음에 로마제국에서 제도화되지 못했던 기독교는 그 근원적인 흡인력을 아래의 약속에서 찾는다. 즉 로마제국에서 증대하고 있었던 사회적 모순들을—사적 이기주의와 일반적 보편주의의 모순, 상하 계급의 모순—기독교는 보편적이고 평등한 공동사회의 구현을 통해 해결할 것을 약속했기 때문이다. 이슬람교는 씨족 간, 종족 간, 메카와 메디나 등의 상업도시 간의 갈등을 모든 신자들의 이익사회와 유사한 공동사회인 움마umma로 넘기면서 해결하였다. 신자들은 이제 더 이상 친족관계가 아니며 상이한 부류들로 특징지어진다. 그들은 신과의 직접적인 관계를 통하거나, 단순한 규범을 지킨다는 것, 이를테면 신앙고백, 사순절 금식, 구제세금, 메카 성지 순례, 의례적 기도 등을 지킴으로써 신자가 된다. 어떤 이슬람교 신자들은 "자신이 기도하는 순간 다른 몇백만의 신자 역시 똑같은 방식으로 기도를 한다."는 사실을 안다.(만 1991, 161)

기독교나 이슬람교나 실제로 보편적인 권력을 구축함에 따라 긴장과 모순들이 그 내부에서 등장하고 있다. 이를테면 종파나 이단(그리스어로는 '선택'이라는 의미) 문제가 생겨나고 있다. 보편적인 세계종교권력들은 분파들을 물리치며, 그에 대한 투쟁은 스스로 권력의 기술이 되기도 해서, 그들의 통일성을 항상 새로운 차원에서 재생산하고 있다.

가장 좋은 예가 종교재판이다. 이는 13세기에서 18세기까지 가톨릭교회의 중심적인 권력의 기술이었다. 헨리 찰스 리가 그의 역작 『종교재판』에서 전형적인 방문의 기술을 소개했다. 심문관은 한 마을을 방문하기 며칠 전에 주민들에게 모이라고 요구한다. 주민들에게 설교를 한 후, 모든 주민이 며칠 내에 그에게 와서 누가 이단아라고 의심할 만한 모든 것을 고백하기를 요구한다. 누군가 나타나지 않으면 그는 자동적으로 추방을 당하기 십상이었다. 누군가 기한 내에 와서 그 자신만의 죄를 스스로 고백하고, 맹세하며 다른 사람의 죄를 고하면, 그에게는 은혜가 약속되는 것이다. 리는 이러한 권력의 기술의 결말을 다음과 같이 묘사한다. 심연의 불안이 신자와 이단아에게 엄습하고, 모든 신뢰는 사라지며, 모두가 "가장 가깝고 신뢰했던 사람에게 배신을 당하지 않을까, 그래서 결국에는 자신이 배신을 당하느니 차라리 먼저 배신을 하고야 마는" 그런 두려움에 휩싸인다.(리 1985, 181) 실제로 부모, 자식 그리고 부부가 상호 간에 배신하는데, 이는 이 기술의 엄청난 효과를 잘 말해주고 있다. 이 기술은 분파주의자들을 골라내는 것뿐만 아니라 지속적으로 적응을 강요한다. 심문관이 마을을 떠나간 후에는 권력의 관점에서 보면 마을은 완전히 다른 모습으로 변해 있다. 유럽에서 역사적으로, 사회인류학적으로 매우 다른 형태로 평가 받았던 마귀 추방(호네거 1978)은 심문관의 또 다른 과제였다.

종교심문은 주로 도미니카 교단에서 수행되었다. 이것은 특히 가톨릭교회의 권력을 유지하기 위해서 조직구조가 중요하다는 점을 시사하고 있다. 그 간부들은 세속적 삶을 거부했고 교회의 위계질서에 합치되는 고유의 규율에 따라 살았다. 이와는 달리 이슬람교는 조직수준이 그리 높지 않았고 국가 권력구조와 비슷했다. 특히 시아파는—초기의 종교분열 당시에 수니파와 시아파가 생성되었는데, 시아는 당파라는 뜻이다—신앙의 문제가 생기면 순교를 장

려하였다. "실패를 봄으로써 성공적인 정통성을 만드는 역설"(쇠프너/탠츨러 2002, 9)은 권력의 기교로서 해석될 수 있다. 왜냐하면 희생을 통해서 신앙의 통일은 항상 새로운 차원으로 입증되기 때문이다. 시아파 구원의 역사의 근원이 되는 사건은 680년 카르발라 전투에서 후사인 이븐 알리*가 사망한 일이다. 후사인은 유프라테스 강 근처에 있는 쿠파 시로부터 자기네 지역으로 오면 도움을 주겠다는 말을 믿고 카르발라에 도착하였으나 결국 도움을 얻지 못하고, 수니파인 칼리프 야지드를 맞아 싸우다가 사망하였다. 시아파의 신념체계에는 각 개인은 이 순교자의 죽음에 책임이 있다는 확신이 깊숙이 자리 잡고 있다. 이들은 스스로의 순교를 통해서 죄선으로 갚을 수 있다고 받아들인다. 특히 오늘날의 이란의 종교·정치적인 문화는 이러한 신념에 크게 영향을 받고 있다.(케르마니 2002, 89 이하)

죄(빚)와 순교 간의 연계는 기독교 관념에서도 뿌리 깊다. 특히 니체는 물론 유대교의 관념이라고 돌리지만, 이 관념을 권력의 기술이라고 분석하였다. 여기서 권력은 "한 방향으로 순종하는" 지속적 강제에 그 뿌리를 둔다.(니체 1981b, 646) 그 강제는 단지 추상적인 "너는 해야 한다"라는 집단적인 양심으로서 실재하고 있다. 이 지속적 강제는 집단적인 관계 속에 뿌리를 둔다. 이 관계는 구조적으로 신자와 죄인의 관계에 상응하는 것이다. 개인적인 죄는 원칙적으로 사해지거나 정리될 수 있지만, 가장 크면서 동시에 지울 수 없는 죄(그리스도의 십자가 처형, 원죄)를 통하여 기독교에서는 장기간의

* 시아파 제3대 이맘. 이맘은 이슬람 공동체의 우두머리를 가리키는 말이다.

강제를, 지속적인 집단적 기억이 만들어지고 있는 것이다. 이 원죄의 관념을 지그문트 프로이트는 그의 개인심리학에 융합시켰다.(프로이트 1982b, 433 이하)

종교적인 힘(권력)이 사실상 또는 관념상으로 일상에 녹아들면 들수록, 종교는 오히려 그 교리를 통하여 전투적인 동원을 할 필요성을 덜 느끼는 것 같다. 이런 현상은 특히 유교와 힌두교에서 볼 수 있다. 공자의 이름을 딴 유교는 기원전 550년경의 중국 철학에서 유래했다. 공자는 초월적 구원을 지향하지 않았지만 공동체의 삶에서 절대적으로 지켜져야 할 가치들의 규범과 도덕체계를 만들어냈다. "사회는 있는 그대로 신성하고"(만 1991, 154) 뒤르켐은 이 체계를 독창적인 종교로서 표현한다. 만(1991, 182)은 "힌두교는 구원종교가 이룰 수 있는 있는 사회적 권력의 정상에 도달했다."고 평가한다. 힌두교의 세계는 엄격하게 이중적이지 않기 때문에, 모든 사물은 항상 유전하고 또한 단지 영원한 본질적 실체의 드러냄일 뿐이다.(침머 1994, 313) 이 실체와 관계를 맺는 의례는 사회통합의 본질적인 수단이고 가장 중심적인 관념인 순수함을 관통하며 동시에 카스트 위계질서를 정당화시킨다.

종교로서 정치적인 것

현대 종교사회학적 견해에 의하면, 오늘날에는 대개 사회에 대한 교회의 제도적 힘과 직접적인 영향력이 점차로 줄어들어 주변적이기까지 하다는 점에 동의하고 있다. 그 원인으로 오늘날 "선택가능성 앞에 서 있는 삶의 영역이 파악할 수 없을 만큼 확장된" 점을 들 수 있다.(버거 1980, 16) 이 확장으로 인하여 개인적인 것부터 사회적인 것, 경제적인 것에서 직업에 관련된 것 등 모든 부분에서 항상 반복해서 새로이 선택해야만 하게끔 되어 "이단(선택)으로의 강제"라고 할 정도이다. 종교적 선택, 공동체의 선택, 의미 있는 것의 선택 등이 개별자의 일들이 되어버렸다. 늘상 선택은 강요받게끔 되어버린 것이다. 그리고 통일적인 의미를 부여하는 개별자의 선택들은 스스로 유동적이며 다양성을 띤다. 따라서 많은 이들이 "이 위태로운 통일성과 다양성의 상호 유동성이 현 시대의 본질적인 역동성을 보여준다."고 말하고 있다.

니체는 이미 19세기에 신의 죽음을 선언했다. 그것은 니체에게는 기독교의 허무주의적 급진적 경향의 직접적인 결과이다. 니체에게 허무주의는 "지고지선의 가치가 […] 평가절하되는"(니체 1981c, 557) 이중적인 세계역사의 과정이다. 즉 하나의 더 높은 의미가 세상에 들어오면 구체적인 것들은 이 높은 의미로부터, 즉 다른 것으로부터 자신의 의미를 얻게 되고, 그럼으로써 평가절하 된다. 가장 높은 의미는 평가절하 되는데, 철학자 마틴 하이데거(1889~1976)의 해석에 의하면, 그 지고의 의미가 최고의 가치로 평가절하가 된다. 다시 말해서 "신성 모독 그 자체"(하이데거 1980, 255) 속에서 기독교는 신적인 것을 최고의 권력으로 대상화시키고 존재자의 존재Sein des Seienden*

* 본문 100쪽 이하 참조

에 대한 질문에 대답하는 것은 끝내 근대 자연과학에게 넘겨버린 것이다.

니체에게 신의 죽음은 “피할 수 없이 새로운 가치 부여를 하게 강요하는” 빈 공간을 남겼다.(하이데거 1980, 219) 프랑스 철학자 알랭 바듀(2002, 11)는 “살아남은 것은 이제는 종교가 아니라, 종교무대이다.”라고 쓴다. 핵심을 말하자면 현대 종교사회학은 종교가 모호한 종교적인 것으로 이양된 무대를 분석한다고 말할 수 있다. 루크만은 의미나 동질성을 부여하는 데 종교적인 것의 기능을 포기할 수 없는 것으로 간주한다. 그의 저서 『보이지 않는 종교』에서 이 기능은 전 사회에 뿌려져 있고 대중매체, 문화예술단체, 개인숭배 또는 정치적 기획에서 얼마든지 찾을 수 있다고 말한다.

20세기의 전체주의적 체계와 관련하여 조심스럽게 말해 보면 오히려 “정치적인 것의 종교적 덧칠”이라고 말할 수 있다.(라프 외 2002, 127) 종교적 근본주의는 항상 종교적인 것에서 정치적인 것으로 전이된 것 역시 또한 사실이다.(근본주의는 원래 미국 근본주의독립교회를 대표하는 자기표식이었다. 이들은 성서의 무오류성과 문자 그대로의 적용 등 다섯 가지 원칙을 갖고 있다.) 이 점은 이슬람 근본주의자들의 형식에도 그대로 적용되는데, 이들은 국가, 문화와 종교의 통일을 선전하고 있다.(단치케 2006, 161 이하) 미국의 종교단체인 ‘모럴머조리티’에게도 똑같이 적용되는데, 이 단체는 종파를 초월하여 정치적으로 활발한 가톨릭교단, 모르몬교, 개신교 그리고 유대교에 의해 “세속사회의 정치적 투쟁에서 어떤 정당을 공개적으로 지지하기” 위하여 설립되었다.(웅거 2006, 105)

제3장

군주의 권력, 국가의 권력

1532년 니콜로 마키아벨리의 대작 『군주론』(2001)이 출간되었다. 이 책의 급진성은 오늘날의 해석에 의하더라도 일대 사건이라 할 정도로 한 획을 그었다. 마키아벨리는 실용주의자의 전형이었고, 『군주론』은 완전한 지배자를 위한 권력행사의 입문서와 같았다. 권력이라는 주제의 역사는 이 책의 출간을 전후하여 크게 구분되었다. 근대의 태동기에 군주의 권력은 철학적으로 무엇보다도 신적인 또는 자연권의 정당성이라는 관점에서 논의가 되는 동안에 마키아벨리는 지배의 정당성을 그 스스로에서 찾았다. 즉 지배는 오직 권력을 통해서 정당화되고, 권력은 단지 작동함으로써 존재한다는 것이다. 하지만 논리적 귀결은 역설적이다. 단지 작동하는 것으로서 권력의 속성은 결국 지배자의 지위를 약화시킨다. 군주의 권력을 자신의 체계로서 물려받은 근대 시민국가 역시 군주처럼 정당성을 필요로 한다. 정당성은 이론적으로 구성되기보다는 하나의 사회적 현실을 바탕으로 한다. 그 정당성 위에 인간은 질서의 구속력을 신뢰하게 되고, 그에 따라서 행위를 하게 된다. 신神으로부터의 정당성의 자리에 국민이 들어서고, 제국과 군주국가의 자리에 근대 민족국가가 들어온다. 국민국가는 20세기 후반에 들어오면서 경제적 세계화에 직면하여 아마도 최종적인 위기에 봉착하게 된다.

왕권신수설에서 권력의 본질로

중세시대의 교황청과 세속권력의 대립은 1077년 하인리히 4세의 소위 카노사의 굴욕을 통해 상징적인 정점을 보여주었다. 이 대립은 세속지배권의 정통성은 단지 철학적이거나 이데올로기적인 것만으로는 파악될 수 없다는 점을 말해주고 있다. 정통성은 사회적이고 정치적인 현실이며 과정이다. 이 속에서 종교권력과 세속권력이 특별한 방식으로 연계되며 투쟁한다. 교황은 황제대관식, 추기경 및 주교의 서임권 등의 대립과정에서 하인리히 4세에게 교회 파문의 형벌을 내렸고, 카노사에서 하인리히 4세는 교황 그레고리우스 7세가 내린 교회 파문을 면하고자 하였다. 교회 파문은 하인리히 4세를 모든 교회 성사에서 배제시키고 황제에 대한 성직자들의 복종을 철회시켰다. 황제의 측근 세력들인 성직자와 귀족들은 교황의 권위를 전부 다 인정한 것은 아니지만, 어쨌든 하인리히 4세는 카놋사에서 복종의 예를 갖추었어야만 했다. 황제는 교황을 알현하지도 못하고 문전에서 맨발로 3일 동안 기다린 후에야 파문을 조건부로 면했다.

칼 대제(747~814)부터 시작되어 19세기까지 절대적 지배를 정당화시킨 왕권신수설(신의 은총)은 사회적·정치적 현실을 말해준다. 그 현실 속에 고대 게르만 민족의 장자상속권 관습과 기독교 관념이 용해되어 있다. 왕권신수설은 특징적인 분화를 하였다. 중세 지배자들은 초월적인 신의 권력에 복종해야 했지만 그의 신하들은 군주에 대한 저항권이 허락되었다. 그래서 지배자는 궁정회의나 자문을 통하여 항상 새롭게 그의 신하들의 동의를 얻어서 권위를 유지했고 복잡한 권력관계의 균형을 취해야만 하였다.(알트호프 2003, 16 이하) 어떤 종류의 왕조가 지배하는지는 직접적으로는 신의 뜻(왕권신수설)에 따르는 것이지만, 권력의 정당성은 내부적으로 쟁취해야만 하였다. 역사적으로 볼 때 왕권신수설은 한편으로는 교황의 대의적 역할을 상대화시켰는데, 왜냐하면 지배자의 가문에서 한 사람의 탄생은 신의 뜻의 실현으로 받아들여졌기 때문이다. 다른 한편으로는 제한된 권력의 급진적인 극복을 의미하기도 했다.

가장 급진적인 변화를 만든 사상가는 마키아벨리라고 말할 수 있다. 신의 권력과 절대권력이 하나로 맞아떨어지면, 사실은 그것이 실제 권력의 과정인데, 권력은 스스로 정당함을 주장하고 더 나아가기도 한다. 종교적인 정당성은 단순히 권력의 수단이 되는 것이다. 법이나 제도, 전통이나 윤리규범 역시 마찬가지다. 윤리도덕은 권력의 도구가 된다. 언제, 어떻게 지배자가 폭력을 사용할지는 "잔인함의 정당한 또는 잘못된 사용에 달려 있는 것이다."(마키아벨리 2001, 53) 지배자가 갖추어야 할 여러 형태의 덕목들이 (예를 들어 "군주는 어디까지 그의 약속을 지켜야 하는가" 또는 "어떻게 비겁함을 감출 수 있느냐" 등) 상이한 조건들 속에서 분석적으로 다루어지고 있다. 주된 것은 항상 복합적인 힘의 관계들과 모순적인 조건들에 직면하여 올바른 결정을 내리는 것이었다. 이를테면 "주어진 상황에 따라서" 무엇이 "유용한가, 손실인가"를 결정하는 것이었다.(마키아벨리 2001, 105) 마키아벨리에 대해 도덕적 비난을 자주 하지만, 그는 이러한 접근방식으로 인하여 사실은 근대적 권력의 최초의 분석가로 불릴 수 있고, 그리

고 그의 군주는 "가공인물"이자 동시에 "현대의 전형"이었다.(회게스 2000, 177)

백 년이 지난 후 사회계약론을 발전시킨 홉스 역시 정통성의 문제를 다루었다. 그 역시 마키아벨리와 동일하게 힘이 권력을 뒷받침한다고 생각하였다. 만인이 만인에 대하여 투쟁하는 가설적인 자연상태에서 사적인 권력은 모든 것을 소유하려는 자연스러운 욕구로부터, 즉 모든 것에 대한 자연권으로부터 정당화 된다. 그러한 한에 있어서 인간은 누구나 평등하다. 하지만 폭력적인 죽음을 피하게끔 하는 것이 자연적 이성이다. 말하자면 인간은 사회계약을 통하여 사적 권리와 권력(폭력)을 국가에게 양도하기로 동의한다. 이로써 자연권(폭력)은 국가의 권력으로 전환되고 이런 과정을 통해 국가는 정통성을 얻게 된다. 이는 "*거대한 리바이어던*, 더 잘 표현하면, *무한한 신*의 가호 하에 우리의 평화와 보호를 감사해야 하는 *유한한 신*을 창조하는 것이다."(홉스 1966b, 134) 홉스는 오직 주권자 지배 하의 국가만을 구상하였다. 그것이 리바이어던을 체화시키는데, 그렇지 않을 경우 만인의 만인에 대한 투쟁상태는 정치영역에서의 권력투쟁으로 다시 일어날 수 있다고 생각했기 때문이다. 이것을 근거로 주권자는 법 위에 군림하였고, 입법권은 사회계약을 통하여 주권자에게 양도된 것이다.

마키아벨리나 홉스의 이론에도 이미 군주의 권력의 한계에 대한 설명이 있다. 마키아벨리의 권력이론은—즉 권력이 단순히 작동하기만 하면 권력은 정통성을 얻는다—결국은 지배자의 '정체성'마저 약화시키는 것이다. 도덕이나 잔인함, 사기나 속임수를 단지 권력의 수단으로 사용할 수 있는 군주라면 군주 스스로 특별히 도덕적이거나 잔인한 필요가 없어지는 것이다. 홉스에 있어서 군주는 평화를 보호할 의무를 지고 있다. 군주는 사적인 이해관계로부터 자유로워야 한다. 따라서 군주든 주권자든 모두 어떤 의미에서 "전부" 그리고 "아무것도 아닌 존재다."

마키아벨리에 있어서도 이미 군주는 실재가 아니고 제한적이었다. "가상이 권력의 본질적인 요소가 되었고, […] 권력이 단지 허구로 만들어지는 것도 배제할 수 없었다."(회게스 2000, 183) 사회학자인 노르베르트 엘리아스(1897~1990)는 무엇보다 루이 14세를 예로 들면서 궁에서의 실질적인 권력의 메커니즘을 분석하였다. 그에 의하면, 왕궁은 아름다운 허구를 만드는 곳이고 서로 상이한 그룹들의 복합적인 전쟁터였다. 따라서 왕은 왕에게 유리하도록 항상 그들을 왕 앞에서 경쟁하도록 만들었다. 엘리아스는 이것을 "왕의 통치술 Koenigsmechanismus"(1969)이라는 개념으로 설명하였다. 프랑스 황제 루이 16세가 아름다운 가상(가면)의 뒤에서 나와 지배적인 카리스마를 잃게 되자 일개 시민 루이 카페로 본모습을 드러내게 되고 끝내 1793년 권좌에서 제거되는 과정으로 프랑스 혁명은 이해될 수도 있다.

국민국가의 문제들

통치자의 빈자리에 국민이 들어오게 되었다. 1776년 미국 「버지니아 권리장전」에는 "주권은 국민에게 있다"라고 쓰여 있고, 「독일 기본법」 제20조에는 "모든 권력은 국민으로부터 나온다"라고 쓰여 있다.

근대 국가는 긴장관계에 놓여 있다. 장 자크 루소(1712~1778)가 말한 것처럼 하나의 통일체에 대한 인간의 자유로운 약속으로서의 국가는 한편으로는 하나의 일반의지, 즉 공동의 의지를 나타내지만, 다른 한편으로는 국가기구로서 등장한다. 칸트(1724~1804)의 경우에는 자연적 유기체의 개념이 강하게 작용하여, "모든 요소들이 수단이자 동시에 목적이 되며, 그리고 전체의 가능성에 영향을 끼치며 전체라는 이념에 의하여 규정된다."(칸트 1968b, 65조) 하지만 이런 질문이 생긴다. 국가의 작용에서 공동의 의지를 매개하는 사회적인 유기체는 과연 무엇인가? 국민은 과연 누구인가?

헤겔(1974, 262)은 한편으로는 국민을 "즉자적인 전체로, 개인 그 자체의 집합"으로 명시하였다. 국민의 힘은 "그들이 오직 의지로서 하나로 연합했을 때" 발휘된다고 하였다. 다른 한편으로는 "그러한 것으로 하나가 되는 것은 바로 국가의 진정한 내용과 목적이고 개인은 일반 보편적인 삶을 사는 것으로 규정된다."(헤겔 1972, 258조)라고 하였다. 개인들의 집합이 국가로서 하나의 구체적·보편적인 것으로 연합될 때, 그들의 삶은 외면화 되지 않는다. 이로써 헤겔은 역사적 기획을 구성하는데, 이 점은 파시스트 철학자 조반니 젠틸레(1875~1944)에게서 등장한다. "국가는 우리 안 스스로에 있다. 즉 성장하고, 살며, 살아야만 하며, 자라고 번영하고 항상 명예와 의식의 높은 단계로 상승하는 것이다. 높은 의무와 거대한 목표를 위

해 국가는 우리의 의지, 정신, 열정 안에서 부름을 받은 것이다."(젠틸레 1936, 41 이하)

헤겔에 의해 제기된 보편적인 것과 특수한 것을 매개해야 하는 과제는 19세기에는 오직 국민국가Nationalstaat를 건설함으로써 해결될 수 있었다. 국민(민족)은 자신의 일체감을 국가와 동일한 크기의 영토 안에서 출생(출생을 뜻하는 'natio'의 어원은 라틴어에서 '태어나다'라는 뜻을 가진 'nasci'이다)을 통하여 얻었다. 국가 역시 이 일체감과 동일하게 되는데, 개인들은 국가 안에서 헤겔이 뜻한 바와 같이 "보편적인" 삶을 영위할 수 있기 때문이다. 1897년 『정치지리학』을 저술하고 그 학문적 전통을 세운 프리드리히 라첼은 "국가와 연관된 소재는 [⋯] *오직 영토뿐이고*"라고 하면서, 영토의 통일성은 공동체로서 여겨지는 "정신적 연관성"이고, 하나의 문화적·사회적 사실이라고 하였다.(라첼 1903, 15 이하) 베네딕트 앤더슨은 그의 연구 『국민Nation의 발견』에서 국민의 개념과 관련된 하나의 역설을 밝혔다. 그에 의하면, 국민국가는 하나의 거대한 추상적 통일체이고, 사회이다. 하지만 국민은 공동체로서 신뢰하고 구체적인 공동의 삶으로서 여겨진다. 그래서 국민은 하나의 "상상의 정치적 공동체"*이다. 왜냐하면 가장 작은 국민이라 할지라도 그 구성원들은 대부분 서로 알지 못하고 상대방에 대해 들어보지도 못했지만 머리로는 누

* Nation은 한국어의 민족으로 번역되기 보다는 국민으로 번역되는 것이 적합하다. 베네딕트 앤더슨에 의하면 Nation의 한 가지 특성은 주권을 가진 것으로, 주권을 가진 공동체란 국가를 가리키는 것이다. 이 점은 현재 한국인들이 갖고 있는 민족 개념과는 상이하다. 한국인들의 통념 속에서 민족은 정치적 주권과 무관하게 주로 혈통이나 언어 혹은 역사를 중심으로 구성되기 때문이다. 따라서 Nation은 국민으로, National State는 근대 국민국가로, Nationalism은 국민주의로 번역하는 것이 적합하다.

구나 공동체라는 생각을 갖고 있기 때문이다."(앤더슨 1993, 15) 국민 각각은 달라서 공통의 사회적 사실들을 갖고 있지 못했다. 따라서 누구나 마치 성별을 하나씩 "가지듯" 하나의 국민성을 "가져야만" 했고, 그래서 여러 국민들은 실제로 서로 간에 별로 다르지 않았다.

따라서 사회적 사실은 지속적으로 발견되어야 했다. "국민(민족)을 찾아낸 것은 국민주의(민족주의)였지, 그 거꾸로는 아니다."(겔너 1991, 87) 국민이라는 이름으로 부르기에는 너무 다른 다양한 사투리들, 지역의 특유한 용례들, 또는 역사적 사건들뿐이었다. 이러한 결함을 없애기 위해 세 가지 방법이 동원되었다. 건국신화 발견, 사투리의 표준어 편입 그리고 차별성 두기—독일인은 유대인이 아니고, 프랑스인도 영국인도 아닌 사람이어야 한다—등이다. 국민화(민족화)의 주역들은 표준어와의 차별화는 단지 추상적인 국민만을 형성할 뿐이라는 점을 알았다. 추상적인 국민(국가)은 따라서 피와 살로 포장된 항상 새로운 구체적인 것을 필요로 하였다. 국민(민족)의 역사는 어원 그대로* 이해할 수 있는 점을 보여주고 있다. 예를 들어, 세르비아, 크로아티아 또는 보스니아 국민의 이름으로 어떤 친구와 친척이 죽어갔는지를 보면, 실제로 누가 크로아티아 혈통이고, 세르비아 혈통이고 또는 무슬림인지를 알 수 있다.

* 국민은 근대 국민국가의 형성으로 만들어진 정치적 공동체(국가)와 결부되어 있는데, 극우적 국민주의(Nationalism)의 경우에는 인종, 혈통을 중요시 하였다. 이때 Nation은 어원 그대로 nasci(혈통, 출생)를 지칭하는 것이다.

국민국가의 종언

국민(민족)국가의 개념은 20세기에 들어와서 위기에 빠진다. 이미 프리드리히 엥겔스(1981, 260)에게는 "최상위 위원회처럼 국민 자본주의의 사무를 총 관장하는" 국가는 "관념적 총체적 자본가"였다. 이러한 역할은 경제적 세계화의 시대에 초국가적 세력에게 이양된 것이다.

국민국가의 종언에 대해서는 문제가 많은—독일 나치즘에 협조했기 때문에—법철학자인 칼 슈미트가 바이마르 공화국 시절에 관련된 이론을 구상하였다. "국가의 개념은 정치적인 개념을 전제한다."(슈미트 1963, 20) 그리고 정치적인 것의 개념은 분명히 구별할 수 있는 것의 가능성을 전제한다. 핵심적인 것은 친구와 적의 구별이다. 이것은 한편으로 타인을 정치적 결합체로부터 분리하고 다른 한편으로 정치적 분쟁을 비로소 가능하게 한다. 이 구별은 슈미트가 사회적 핵심영역이라고 불렀던 것의 구체적 내용들과 관련을 맺는데, 바로 신학, 형이상학, 윤리 그리고 경제 등이다. 이 영역은 친구와 적을 나누는 싸움의 주제들을 만들어냈다.(슈미트 1963, 86) 20세기에 들어와서는 슈미트가 보기에 이러한 구별이 결정적으로 중립적이 된다. 기술이라는 핵심영역의 중립성이 그 주된 이유이다. "기술의 속성상 내용면에서 그 어떤 인간적이고 정신적인 결정이 내려지지 않는다."(슈미트 1963, 90) 따라서 이제는 국가에서 "형식적인 정치적 효율성이 물질적·본질적인 합리성을 대체"하게끔 되었다.(발케 1996, 378) 좀 과장하면 탈정치화 되었다. 이제 국가는 어떤 방향(모습)으로 이끌어갈 것인가 하는 기능을 가지고 있지 않다.

제4장

경제권력, 화폐권력

1997년 동아시아 외환위기 동안 태국 중앙은행은 투기꾼의 공격으로부터 태국화폐(바트화)의 가치를 지키기 위해 노력했으나 300억 달러의 손실을 보았다. 어떤 시대든 성공적인 환투기꾼들은 어마어마한 부를 벌어들였다. 호황을 누리던 태국 국민경제는 외환위기를 겪은 후 결국 총 평가가치가 독일의 대기업 지멘스의 규모보다 작아졌다. 모든 것을 잃은 시민은 길거리로 내몰렸고 상가를 털었다. 비슷한 상황의 인도네시아 수하르토 대통령은 퇴진으로 내몰렸다. 이 폭넓고 강력한 힘(권력)의 작용은 주식시장, 펀드나 은행의 시장, 소위 화폐경제라고 불리는 곳에서 나오는 것이다. 화폐경제는 점차로 재화와 용역의 생산과 무역으로 대표되는 소위 실물경제보다 더 힘을 발휘하고 있다. 많은 이들은 오히려 그 관계가 역전되었다고까지 말한다. 이전에 화폐경제는 필요하지만 실물경제를 뒷받침하는 영역이라고 했지만, 오늘날은 후자가 전자에 의해 완전히 지배당한다고 한다. 경제학자 군나르 하인존은 요약해서 "실물경제는 없다. 우리가 실물경제라고 부르는 것은 단지 화폐영역의 결과물일 뿐이다."라고 말한다.(게르쉴라거/파울-호른 2000, 311) 바로 2009년의 글로벌 화폐경제의 위기는 그 끼친 영향 면에서 볼 때 화폐경제의 우위를 증명하고 있다. 두 영역은 동시에 구체적으로 존재하지만 역사적으로 항상 상이한 관계에 놓여 있다. 하인존이 말한 역전은 '고전적' 경제에서 '탈고전적' 경제로의 이전을 뜻할 수 있다. 이 이전은 권력의 새로운 현상을 불러오고 있다.

'고전적' 경제

경제Oekonomie의 그리스어 어원은 *oikosnomos*인데, 여기서 *oikos*는 가정의 살림살이를, *nomos*는 사용, 습관, 법칙 그리고 공정한 것을 의미한다. 경제를 권력의 관점에서 문제 삼은 것은 고대 그리스 철학인데 구체적인 것부터 일반적인 것까지를 포함했다. 집주인, 아내, 아이들 그리고 노예 간의 복합적인 공동체로서 가정의 살림살이가 현명하게 영위되는 것은 아리스토텔레스의 『정치학』에서 첫 부분의 주제이다. 국가polis는 많은 가정으로 구성된 커다란 공동체이다. 주권자의 명령을 받는 가정의 위상에 대한 윤리적 고려는 적절한 중도를 찾는 것이었다. 최고의 헌법은 경제적으로 적절한 수준에서 보호하는 것이었다. 시민의 평등과 자급자족이 보장되기 위해서는 "중간수준의 재산 소유를 보장하는 것이 가장 좋은 방식이었다."(아리스토텔레스 1989, 1295a, 35) 아리스토텔레스에게 있어서 경제적인 것은 사적인 것을 관통하며 정치적인 범주까지를 의미한다.

가계와 국가경제의 관계는 윤리 및 정의의 관점에서 근대에까지 연구의 대상이 되었다.(침머만 1967) 13세기부터 거부인 은행상인들의 신용의 힘은 윤리적 고려의 대상이 되었다.(블록만스 1998, 81 이하) 궁중경비와 상비군의 유지를 위해 엄청나게 많은 화폐를 필요로 했던 절대왕정과 함께 논점은 바꾸어진다. 일반적인 것의 대표자인 군주는 어떤 의미에서는 구체적인 가계의 총합인 국민경제의 집주인이 되고 그리고 국민경제는 군주의 가계와 동일시된다. 이제 유용성이 주요 동기로 새로이 부상하게 된다.

경제적 자유주의의 이론가들은 이 동기에 연관시키며 절대왕권의 명령적인 개입에 반대하며 자유교역의 관점을 제시하였다. 대표적 사상가는 영국의 아담 스미스(1723~1790)였다. 그의 유명한 개념 "보이지 않는 손"(스미스 1923, 235)은 자주 잘못 사용되었다. "보이지 않는 손"은 신비한 권력처럼 생각되고는 했는데, 이기적인 경제적 욕구를 추구하면 보이지 않는 손의 작동에 의해 결국에는 모두에게 유용해진다는 주장으로, 즉 참여자들의 등 뒤에서 작동하여 공익에 도움이 되도록 전환된다는 것이다. 하지만 스미스는 결코 무제한의 자유 시장주의자는 아니었다. 이 전환은 어떤 특정의 공동체적이며 사회적인 행위맥락 속에서 이루어지는 것이고, 이 행위맥락은 개개인에게는 보이지 않은 채 작동하는 것이다.(로스차일드 1994, 319 이하) 이 공동체적 맥락을 스미스는 그의 윤리철학에서 도덕적으로 정립하고자 하였다.(스미스 1985)

푸코는 이러한 배경 하에서 국가권력의 성격이 급진적으로 변화되는 과정을 분석하였다. "경찰"이라는 개념은 처음에는 질서정연한 개입의 모든 것을 포괄하였다. 원칙상 경찰은 "어떤 대상이든지 그가 하고자 하는 개입을 다 할 수 있었다."(푸코 2004, 493) 주권자의 의지는 사실상 절대적이었기 때문이다. 이 의지는 국민경제의 작동과정이 고유의 논리대로 움직일 수 있게 되자 점차 상대화되었다. 최초로 국민경제의 고유의 작동체계를 설명한 것은 16세기 프랑스의 '중농주의자'들이었다. "국가는 더 이상 총체적 원칙처럼 초월적인 것이 아니라, 이해관계의 조정자가 되었다."는 점이 푸코(2004, 497)에게는 이 시대의 결정적인 변화였다.

모든 국가 및 정치권력은 경제 영역에 토대를 두고 있으며 그것에 의존하고 있다는 점은 마르크스 이론의 중심적인 사고방식이었다.(마르크스 1981f, 799 이하) "항시 그것은 직접생산자에 대한 생산수단 소유자의 직접적인 관계이다. […] 그 관계 속에서 우리는 내재적인 비밀을, 즉 지배·종속관계의 정치적 형태를 포함한 모든 사회적 구성이 감추어진 토대를, 한마디로 각 시대마다의 특수한 국가형태의 토대를 찾을 수 있다." 5단계의 경제적 구성체의 역사적 전개과정은 필연적이었다. 본질적으로 과학·기술과 지식으로 구성된 생산력의 발전은 사회적 권력지형을 뜻하는 기존의 생산관계와 모순에 빠지게 된다. 이 모순적 과정을 거치면서 원시 공동사회에서 초기 계급사회가 발생이 되고, 그로부터 다시금 고대 노예제사회가, 그 후에 중세 봉건제적 계급사회가, 그리고 마지막으로 시민-자본주의적 사회가 발전하였다. 자본제적 사회에서 경제적 권력은 두 가지 차원을 갖고 있다.

첫째로, 자원과 생산수단에 대한 소유권이다. 생산수단을 소유한 자본가계급은 그 대척점에 프롤레타리아계급을 등장시킨다. 이 계급은 자기의 모든 정체성을, 즉 지역색이나 문화적인 특성이나 등등의 "인간적인 특성을 완전히 상실한 채"(마르크스 1981c, 390) 순수한 노동력만을 나타낼 뿐이다. 이 노동력은 매뉴팩처나 그 후의 공장에서 새롭게 배치되어, 생산수단에 대한 권력은 인간의 육체에까지 미치게 되는 것이다. "기계는 어린 육체노동자도 기계의 한 부분으로서 변형시킬 정도로 잘못 사용된다."(마르크스 1981e, 445) 자본주의에서는 인격적인 권력관계가 총체적으로 "물적인 권력들"로 변환된

다.(마르크스/엥겔스 1981a, 74)

둘째로, 재화의 분배가 상품교환으로 이루어진다는 점이다. "자본은 소외되고 스스로 독립적인 사회적 권력으로서, […] 사물을 통한 자본가의 권력으로서" 사회 전면에 등장하게 된다.(마르크스 1981f, 274) 이 교환은 실제로 구체적인 인간 간의 행위이다. 하지만 "이 교환관계는 돈의 권력을 통해서 직접적인 생산자들로부터 독립되고 외부적인 권력으로서 고착된다."(마르크스 1974, 64 이하) 상품의 가치로서 사회적인 어떤 것이 마치 자연적인 것으로서 사람들과 마주하고 있다는 사실을 마르크스(1981e, 85)는 "상품의 물신성"이라고 불렀다. 상품의 물신론에 대한 비판은 '비판이론'의 중요한 동기이다. 테오도어 아도르노, 발터 벤야민, 위르겐 하버마스는 대표적 비판이론가들이다. "인간을 상품교환의 담지자나 중개자로 축소시키는 것 안에 인간의 인간에 대한 지배가 숨겨져 있다."라고 아도르노는 갈파하였다.(1972, 16)

화폐의 초월적 권력

마르크스(1974, 65)가 "화폐의 허구적이나 초월적 권력"에 관하여 쓸 때 "허구적"이란 단어는 중요하다. 하나의 순수한 추상화는 인간들 간의 구체적 관계를 감추게 하고 그런 의미에서 실제로 힘을 발휘하게 된다. 한편 짐멜은 화폐의 초월적 권력을 실제적 힘이라고 표현했다. 사회학자 짐멜은 사회를 개인 간의 상호작용의 과정으로서, 현대적 의미에서의 권력 망조직으로서 정의하였다. "모든 사람과 사람 간에 행해지는 순간적이든 지속적이든, 의식했든 아니든, 지나가는 것이든 지속되는 것이든 간에 모든" 상호작용은 연속적 과정이다.(짐멜 1908, 19) 상호작용은 통일성과 연계되어 있으나 현대에는 모든 총체성을 보장할 수 있는 최종적인 의미나 내용을 제시하고 있지 않다. 선진 자본제적 사회에서는 돈이 이 역할을 넘겨받아서 사회적 일체감과 연속성을 매개하고 있다. "돈이 한편으로는 존재하는 것의 통일성의 상징이 되고 […] 사회의 모든 다른 것과 모든 구석구석에까지 돈의 에너지와 힘이 흘러들어가서 통일성을 유지하게 되고,(짐멜 1987, 567) 다른 한편으로는 돈 이외에는 절대적으로 세상을 돌아가게 하는 명백한 상징이 없다. […] 돈은 움직임의 담지자이고, 모든 움직이지 않는 것은 소멸해버린다. 그런 의미에서 돈은 완벽한 행위이고actus purus, 어떤 순간에도 끊임없이 자기를 양도하면서 살아가고, 대립적 존재를 항상 만들어 그 대자적 존재 모두를 부정한다."(짐멜 1987, 583)

한 사회가 공동체의 가까운 관계 대신에 서로 잘 모르는 개인간의 통일체로서 설명될 수 있다면, 이미 아리스토텔레스 역시 한 사회를 형성할 수 있는 힘을 돈이 가지고 있다고 보았다. 그에게는 돈이 한편으로는 시·공간적인 간격을 만들어낸다. "욕구의 대표자"로서 돈은 구체적인 생산자와 구매자의 동시적인 조우를, 그리고 상품의 구체적인 비교도 필요로 하지 않는다. 생산자와 구매자는 서로가 떨어져 있어도 상관없으며 대상의 물건은 아주 달라도 괜찮다. 화폐는 미래의 욕구를 충족시킬 수 있는 "보증"으로서 현재에서 미래를 대표한다. 또 다른 한편으로 화폐는 간격을 만들었던 동일한 행위로 그 간격을 묶어준다. "화폐는 하나의 척도가 되어서 물건들을 측정하고 또한 동일(평등)성을 만들어낸다."(아리스토텔레스 1972, 1133b, 16)

이런 점에서 루만(1996, 263 이하)이 화폐를 "상징적인 일반화된 매체"라고 파악한 것이 이해가 된다. 즉 화폐는 "나누면서"(그리스어 어원은 '나누다diaballo') 동시에 상징적(그리스어 어원은 '모으다synballo')이다. "[…] 화폐는 어떤 다른 것에 대한, 다른 어떤 내재적 가치에 대한 기호가 아니다. 상징은 다른 것들에게 통일성을 부여하는 의미 형태이다. 상징은 통일성이고, 그 외양은 이 통일성의 묘사이다. 하지만 다른 것들의 기호는 아니다."(루만 1996, 257) 매체는 다른 정의에서처럼 하나에서 다른 어떤 것으로 전달하는 대상이나 연결망 같은 것을 의미한다. "화폐는 중개자의 속성인 매체"(루만 1996, 233)로 머무르며, 화폐는 내재적인 가치를 중개하지 않는다. 매체 자체가 화폐의 가치이다.

이것은 현대의 상황에 비추어 보면 명료해진다. 화폐는 현재 실제로 금화나 '금태환' 지폐처럼 실제 가치를 갖고 있지 않다. 중앙은행이 지폐를 항시 금으로 태환해주는 금태환제도는 이미 사라졌기 때문이다. 화폐는 오직 다른 화폐와의 관계에서만 가치를 유지할 수 있다. 중앙은행은 사실상 '동의반복'처럼 화폐의 가치를 보장해주는데, 말하자면 다른 화폐와의 관계, 즉 외환이나 채권 등의 관계에서 보장하는 것이다. 화폐는 연결망 속의 변동하는 기호의 모습에서 마지막 추상적 수준을 보여준다. 기호는 최소의 기술적인 운반자만 필요로 할 정도로 화폐는 순수하다. 그래서 어떤 기호는 실제로 다른 기호에 대해 복잡한 관계일 뿐이다. 이것으로 왜 루만(1996, 232)이 화폐를 "결국에는 차이의 통일성일 뿐"인 매체의 개념에서 출발하여, 나누고 상징적인 기능으로 특수하게 규정하는 이유를 알게끔 된다.

이런 배경 하에서 화폐경제의 우위에 허용된 화폐의 권력이론적인 측면을 살펴볼 수 있다. 나누고 모으는(상징적인) 화폐의 기능은 관계의 개념으로서의 권력에 부합된다. 그 관계 속에서 행위자들은 자신의 위치에 따라서 규정된다. 동시에 권력의 행사를 지시하여, 권력과 정당성의 구별을 소멸시키게 한다. 화폐경제의 세계에서 사회적 통일성은 있는 그대로, 즉 상호 간의 추상적인 관계로 나타난다. 사회적이고 지역적인 차이도 있는 그대로 나타난다. 즉 순수한 차이로서 그 어떤 깊은 원인에 대해서 언급할 수 없다—부유하다는 것은 단지 빈곤하지 않은 사람이다. 끝으로 화폐경제에서 권력의 생산성(효율성)은 전형적典型的인 방식으로 구체적이다. 즉 연결망 안에서 유동적인 기호는 각각의 가능한 일국의 화폐나 채권의 여러 형태를 띨 수도 있고, 이런 변동을 거치면서 구체적 가치를 실현시키기도 하는데, 상품의 이동이나 공장의 설비 같은 구체적 실체로 나타나기도 한다. 잘 돌아가던 공장설비가 하루아침에 고물가격이 될 때, 그 고통을 실제로 알게 된다. 공장설비의 물질성은 유동적인 기호의 비물질성에 비해 부차적이고, 물질적인 것은 유령과 같다는 사실을 알게 된다.

빈곤과 부유함의 차이와 그 드라마틱한 결과를 분명하게 보여주는 유령 같은 것들을 의식적인 통제 하에 둘 수 있는 능력이 오늘날의 정치적 과제이다. 특히 2008년의 은행 및 금융위기가 분명히 보여주었다. 화폐는 고대 그리스에서 nomisma(사용, 습관)라는 이름으로 불렸다. 아리스토텔레스(1972, 1133a, 30)가 말했듯이 "화폐는 자연적인 것이 아니라 관습적이었기 때문이고, 또한 바꿀 수 있기 때문이다."

제5장

지식의 권력, 기술의 권력

프란시스 베이컨(1561~1626)이 "아는 것이 힘이다"라고 선언하였을 때 이것은 자신과 공동의 지식을 보호하기 위한 외침만이 아니라 새로운 지식을 통하여 자연을 정복할 수 있다는 것을 말하고자 하였다. 지식과 학문은 아는 것을 통해 자연을 유용하게 사용할 수 있다. "인간의 지식과 가능성은 하나가 되었다. 원인을 아는 것이 성공을 가져오기 때문이다. 인간은 자연에 순종할 때만이 자연을 정복할 수 있게 된다."(베이컨 1990, 26) 칸트(1968a, 23)가 200년 후에 이렇게 쓴다. "이성은 원리와 검증으로 자연에 다가가야 한다. 한편으로는 모든 일어나는 현상은 이성의 원리 하에서 법칙으로 유효해지는 그런 원리로서 다가가야 하며, 또 다른 한편으로는 충분히 숙고한 실험(검증)으로 자연에게 다가가서—하지만 선생 앞에서 모든 것을 말해야 하는 학생의 신분으로서가 아니라 마치 자기가 알고자 하는 것에 대해 대답하는 증인을 필요로 하는 노회한 재판관의 신분으로서 자연에 다가가서—자연에 대한 지식을 얻게 된다." 칸트 후에 모든 것이 바뀌게 된다. 베이컨은 자연현상을 귀납적으로 인식하고자 한 반면에 칸트에 와서는 인간의 오성이 신으로부터 입법관과 재판관의 역할을 위임 받아서 자연을 신의 법칙에 종속시키고자 하였다. 베이컨이나 그와 정반대 방식으로 접근했던 칸트의 경우에서나 공통적인 지식 및 기교technik와 자연의 이분적 구조는 오늘날 '기술 문명' 시대에 와서는 점차로 사라지게 되었다.(모스코비치 1990) 따라서 권력의 주제도 변하게 되었다. 이중적 관계(구조)가 논의에서 사라지고 그 대신 복합적인 사회적 조직형태가 논의의 주제가 되었다. 자연과 지식이 학문과 기술technologie의 세계로 연계되는 조직형태, 즉 인간 스스로가 복종하는 기술의 권력(힘)으로 주제가 옮아가고 있다.

권력으로서의 지식

계몽주의의 가장 핵심적인 동기는 소수의 지식을 모두가 공유하게 끔 하는 것이다. 칸트(1968c, 55)의 자유에 대한 요구는, "이성의 모든 부분을 공공이 사용하도록 만드는 것", 그것의 전형적인 표현이다. 이런 점에서 유럽의 계몽주의는 다른 시대와도, 다른 문화와도 구별이 되었다.

그래서 하인리히 침머(1994, 63)도 인도 역사에서 비밀스런 지식의 힘에 대해 이렇게 쓴다. "동방에서는 모든 종류의 지식이 조심스럽게 보호된다. […] 지식은 어떤 특정한 가능성을 의미할 뿐 아니라 어떤 천부적인 재능, 신기한 것을 만들 수 있는 권능으로서 여겨진다."

지식의 힘을 독점하는 것은 역사적으로나 현재에 있어서도 계몽주의의 기획에 본질적으로 역행하는 것이다. 자신들의 우위를 탈중심적이며 비밀스런 정보체계에서 찾는 몽고 사람에서부터 오늘날 이슬람 전사조직 알 카에다의 연결망까지, 군대 역사에서 지식의 독점은 주요한 역할을 한다.(아르퀼라/론펠트 1998, 24 이하) 검열의 역사는 중세시대까지 거슬러 올라간다. 가톨릭교회의 '금서목록'은 1966년이 되어서야 해제되었고, 금서의 문헌은 6000권에 달하였다. 스탈린 때에는 소련의 공식적인 역사는 여러 번 고쳐서 기록되었다. 왜냐하면 피살된 주요 주동자들은 역사기록에 언급되어서는 안 되었기 때문이다.

하지만 검열이 어떻게 지배자들을 캄캄하게 만드는지에 대해서는 러시아의 작가 미하일 불가코프가 그의 이야기 『숙명의 달걀』에서 잘 그려내고 있다.(1989) 그 내용을 보면 다음과 같다. 스탈린 시절에 한 연구소는 커다란 알을 만드는 프로젝트를 수행하였다. 그런데 그 알에서 용이 부화하여 모든 것을 파괴하며 모스크바로 진격하였다. 하지만 프로젝트 참여자들 중에 그 누구도 상부나 대중에게 이 위험을 알리고자 하는 시도를 하지 않았다.

프랑스 철학자 파울 비릴리오(1998, 219 이하)는 현대의 공공 영역에서 정보를 전략적으로 조작하는 것을 심지어 "미디어의 국가 탈취"라고 표현한다.

지식의 질서(체계)

계몽주의의 기획은 이성의 공적인 사용에만 국한되는 것은 아니다. 비밀스런 지식의 어둠에 빛을 비추는 역할도 있는데 여기에는 두 가지 전제조건이 있다. 첫째로, 지식 자체가 베이컨이 명명한 네 가지의 "우상들"로부터 자유로워져야 한다. 인간이 만물의 척도라는 "종족의 선입견", 개인 각각이 절대적으로 옳다고 하는 "동굴의 선입견", 사용하는 언어와 연관된 "시장의 선입견", 그리고 철학체계의 도그마인 "극장의 편견"이 그것이다.(베이컨 1990, 34 이하) 둘째로, 지식은 모든 것에 적용될 수 있는 하나의 질서(체계)를 가져야 한다. 이 질서는 갈릴레오 갈릴레이(1554~1642)에게는 자연적으로 보일 수 있다. "이 지식의 질서는 우리가 눈으로 볼 수 있는 커다란 책에, 즉 우주에 기록되어 있다. 하지만 우주 안에 쓰여 있는 그 언어를 이해하지 못하고, 그 문자를 배우지 못하면 우리는 이 질서를 이해할 수 없다. 그것은 수학적 언어로 쓰여졌고 그 문자는 삼각형, 원 그리고 다른 기하학적 모형이다."(갈릴레이 1992, 38) 칸트는 이에 반해서 지식의 언어와 질서의 발전은 이성의 선천적인 업적이라고 말한다.

질서의 '객관성'과 인식의 방법론 등은, 오귀스트 콩트(1798~1857)의 경우에는 타당한 사회질서를 학문적으로 발전시키기 위한 하나의 모델로서 받아들였다. 이러한 전통은 프랑크푸르트학파의 '비판이론'이 수행했던 것처럼 계몽의 관점에 입각한 권력비판으로 후대에 이어진다. 사실의 확증, 인식은 존경심을 자아냈고, 그와 함께 사실을 인정하게끔 하였다. 자연의 객관화는 인간(사회)의 객관화로 나아가게 하였다. 보편성에 대한 이성의 청구권은 마침내 지배와 사회의 통일성을 요구하기에 이른다.

푸코는 르네상스 이후 권력과 지식을 연계시키는 역사적 과정을 분석하였다. 통치는 그 목적을 위해 지식을 금지하거나 이용하면서 지식을 복종시켜왔다. 늦어도 19세기에 들어서는 권력과 지식의 외부적인 연관성을 지양하는 형태들이 등장하였다.(푸코 1974, 1981) 이와 동시에 '인간' 스스로가 지식 영역에서 주제(대상)가 되었다. 푸코는 이 현상을 설명하기 위해 "권력-지식"이라는 개념을 도입한다. 이 지식은 권력관계에서 생겨나고 동시에 규범을 만들기 때문에, "직접적이며 정상화시키는 기능"까지도 갖게 된다.(렘케 1997, 96) 권력관계에서의 지식의 이러한 이중적 삽입은 푸코의 "장치Dispositiv"라는 개념으로 분석된다.(아감벤 2008) 푸코는 "이질적인 융합으로서, 담론, 제도, 건축물, 규제, 법률, 행정조치, 학문적 언술, 철학적이고 윤리적이며 인류학적인 문장 들을 […] 포괄한다. […] 장치는 이 모든 요소들을 연결하는 그물망이다."라고 이해한다.(푸코 1978, 119 이하)

이 요소들 사이의 연계망을 분명하게 밝힐 수 있는 현대의 지식 이론을 위하여 이러한 관점이 갖는 풍부한 요소들을 한스-외르크 라인베르거는 이렇게 말한다. 푸코는 (자연)과학적 활동의 무대를 "실험체계"로 모델화(정형화) 시켰다. 이 체계가 어떠한 구체적인 모습을 띠든지 그것은 항상 혼합적 구조물이며, 항상 "지역적이며, 사회적이고, 기술적이며, 제도적이자, 동시에 도구적이며 인식론적인 무대"이다.(라인베르거 2001, 31) "인식론적인 사물들"은—관계, 기능, 언술, 어떤 경우든 항상 대상과 기호의 혼합적 형상으로서—무대에서 어떤 모습을 띤다. 어떤 인식론적인 사물이 등장할 것인가는 그때마다의 지위(위치)와 체계에 달려 있다. 따라서 이론과 실험의 어떠한 이중성도 사라지고 현미경적인 정밀함의 새로운 형태가 요구된다. 미셸 세르(1994, 11)가 말했듯이, 지식의 역사는 혼돈스럽고 변화무쌍한 지식의 강바닥(토대)을 여러 지류들과 반대 사조들과 함께 재구성하고 있다.

기술의 권력

계몽주의 기획의 두 번째 측면이 위에서 언급한 분석방식을 통하여 완성되어간다. 즉 techné(고전 그리스 세계에서 스스로 생육하는 physis에 반하는 인위적으로 산출되는 것으로 사용되는 개념)와 logos(계산, 이성)를 결합시킨 기술Technology로 완성되어간다. "기술적 문명"이라는 개념은 인간도 그 안에 속하는, 기술적으로 처리할(다룰) 수 있는 세계 전체를 의미한다.(베르거 2006)

이 결합은 역사적으로 기계의 은유를 통해 알린다. Mechane는 고대 그리스어 어원으로 일반적인 의미에서 술수나 현명함을 뜻하며, 라틴어 어원으로 Machina는 자연의 힘을 활용한 자연의 놀라운 술수라는 뜻으로 사용되었다. 17세기에는 자연 그 자체도 하나의 기계로서 생각되었다. 여기서 기계는 물질적인 조합뿐만 아니라, 어떤 일을 수행함에 있어서 한 방향성을 가지고 일련의 과정으로 분해하여 수행하며 분명한 결과를 도출해내는 체계를, 현대적인 의미로서 하나의 알고리즘(논리적 순서체계)을 의미한다.(밤메 외 1983, 145) 이 관점은 먼저는 자연을 인식하는 한 수단이었다. 우주학 학자 크리스티안 볼프(1679~1754; 수터 재인용 1988, 14)는 "이 세계는 하나의 기계이기 때문에 진리이다."라고 기록하였다. 자연의 요소를 분리하여 각 부분의 상호작용을 연구하는 실험은 기계처럼 자연을 구성하였다. 교육학자 요한 코메니우스(1592~1670)는 기계를 교육방법의 모범으로서 취급하였고,(수터 1988, 15 이하) 줄리앙 오프리 드 라 메트리(1709~1751)는 인간을 아예 기계로 생각하였다. 물론 자동판매기처럼은 아니지만 좀 복잡한 의미의 기계로 여겼다. "인간 역시 하나의 복잡한 기계인데, 딱히 명확한 개념으로 파악하고 말하기는 어렵다."(라 메트리 1985, 21)

홉스(1966b, 5)가 리바이어던, 즉 국가를 기계로서 묘사하였을 때 그 비유를 통하여 개인과 사회의 초기 연계를 설명하였다. 이 연계를 루이스 멈퍼드는 기념비적인 작품 『기계의 신화』에서 은유적이 아니라 문명사적인 의미에서 재구성하였다. 여기서는 권력과 기계가 중심주제가 된다. 대제국과 함께 건축양식의 기계가 탄생한다. 멈퍼드는 인간과 물질의 부분들의 체계적인 조립을 "대기계"로 묘사하였다. 각각의 부분은 특수한 임무를 수행하고, 조립을 하게 되면 마치 피라미드를 건설하듯이 어마어마한 능력을 발휘한다. 특히 그 내부의 훈련으로 명령체계에 복종하는 "인위적이고 일차적인 공동체"(맥닐 1984, 123)를 만들어낼 수 있는 군대는 대기계로 분석될 수 있다. 고전적인 대기계는 적은 물질적인 부품들로서 단지 지배의 조직으로 기능할 수 있었지만, 현대의 "새로운 대기계"는 전기전자나 역학적인 부품들로 구성되어 인간을 복종시킬 수 있게 되어, 인간은 단순히 이 체계의 논리에 따라서 움직일 수밖에 없는 존재로 떨어지게 되었다. 이미 헨리 포드의 공장에서처럼 기계공정의 발전은 전면적 통제의 기술로 나아가고 "인간사회의 절대적 순응성"과 이로써 "기계의 주체적 신화"를 요구하게 된다.(멈퍼드 1974, 660) 지그프리트 기드온은 그의 두꺼운 책 『기계화의 지배』(1987)에서 일상의 삶을 "기계화는 넓은 의미에서 생산뿐 아니라 전체로서 인간의 환경을 '익명의 역사'로 관통하고 있다."고 분석하였다.

미국의 철학자 랄프 왈도 에머슨(1769~1811; 슈토커/쇠프 1998, 11 재인용)은 "나는 철도를 볼 때마다 공화국을 항상 회고하였다."라고 썼다. 그는 구체적 기술의 영향력을 주제로 삼았다. 복합적 생산과정과 조종기술을 이용하여 처음으로 현대적 경영방식을 발전시킨 철도는 놀랄 만큼 시간과 공간의 동일성을 가져왔다.(데란다 1998, 191) 그 연결 노선은 국민국가를 연결시켰고, 동일한 시간을 가리키는 각 철도역의 시계는 이전에는 몰랐던 방식으로 삶을 규칙적으로 만들었다.(쉬벨부시 1979) 독일의 나치는 기술의 직접적인 정치적 영향력에 대해 알고 있었다. 예를 들어 독일의 고속도로는 "독일 국민의 몸속에 흐르는 빠르고 힘차게 박동하는 피의 순환"의 동맥으로 연상되었다. 그 위를 국민자동차가 순환하는 것이다. 이러한 사고방식은 그 형태까지도 규정한다. 그것은 각기 상징적인 교량뿐 아니라 오늘날까지 "비약하는 철도"에서도 읽을 수 있다. "두 지점을 가장 짧은 거리가 아니라 가장 우아하게 연결"하여서 지금도 광고에서 나오듯이 "가장 아름다운 국토의 풍경"을 연결하는 것이다.(쉬츠/그루버 1996, 124 이하) 그리고 수많은 소형차처럼 단지 소형의 고급차가 아니라 국민차의 형태는 한 방울의 피를 연상시키게끔 하였다.

공학적 세계상世界像의 권력

앞서 기술은 단순히 인간에게 유용한 중립적 도구라고 바라보지 않는다는 점을 언급하였다. 이 점에서 마틴 하이데거는 가장 급진적이다. 그에게 공학(기술)은 근대의 세계(형)상이 되었다. 지식, 언어, 자연과의 관계, 인간 간의 관계, 그리고 자신도 포함하여 모든 것을 포괄하는 세계의 형상이 되었다. "지금 있는 것은 근대 기술의 본질의 지배에 의해 각인된다."(하이데거 1957, 42) 기술은 그에게 엄밀히 말해 최초의 세계상이다. 인간은 한편으로는 세계에 대해 거리를 둔 지위로 나타나며, 다른 한편으로는 그 스스로 세계에 던져진 전체로서의 상像을 갖는다. 이러한 접근방식을 위해 하이데거는 틀(받침대)이라는 개념을 도입한다. 그리고 세계는 이 받침대를 통하여 도구적인 "존립"이 된다. 이렇게 표상된 것은 기술적 제품이 된다. 하이데거가 보았듯이 이것은 인간의 본질에 영향을 끼친다. 존재자의 존재Sein des Seienden*에 대한 질문은(하이데거 1987, 1) 인간을 내면 깊숙이 불안하게 하며 실존자로 되게 하고, 모든 것을 인식하도록 추동시키며 결국에는 열린(해답을 얻지 못한) 상태로 남아 있게 된다. 이 질문은 과학적 사고로 겉으로는 대답을 얻는 것처럼 되는데, 존재자의 존재는 분명하며 계측할 수 있는 그 "어떤 것"으로 표상表象한다. 기술이 세계를 존립으로 드러내고 그리고 존립이 제품으로 드러나면, 이 세계는 이럴 경우 실제로는 존립 및 의미의 근거를 오히려 잃게 되어 벼랑에 서게 된다. 이 과정은 위의 질문(존재자의 존재 및 본질에 대한 질문)을 망각하게끔 하기 때문에 매우 위험하다. 이 위험에 직면하여 하나의 "방향 전환"이 가능하다. "인간은 존재자의 주인이 아니라 존재의 목자이다."(하이데거 1975, 75) 하이데거 철학의 난해함은 이처럼 분명하다고 생각하는 것들을 넘어서서 전혀 다른 언어를 찾으려는 시도에서 기인한다.

하이데거의 언어는 수수께끼처럼 난해하다. 그리고 그는 학문과

* 하이데거는 자신의 저서 『존재와 시간(Sein und Zeit)』에서 존재(Sein)의 의미에 대한 질문을 던지고 있다. 이 질문은 크게 세 가지 요소로 이루어지는데, 1. 물음의 주제인 '존재', 2. 직접적인 물음의 대상인 '존재자(Seiende)', 3. 물음의 목표인 '존재의 의미'가 그것이다. '존재자'는 존재하고 있는 모든 사물들을 말하는데, 그중 인간만이 '존재란 무엇인가?', '나는 무엇을 위해 태어났는가?' 등의 질문을 하고 고뇌하는 존재자이기 때문에 '현존재(Dasein)'라고 칭한다.

기술의 정치경제 및 사회적 힘의 영향력에 대해서는 언급하지 않았다.(뫼르헨 1980, 79) 이 점에 대해 '비판이론'의 기술 비판은 반대편에 서 있다. 호르크하이머에서 하버마스까지 막스 베버가 사용한 "목적합리성" 개념으로 비판하고 있다. 학문과 기술의 힘(권력)의 작용은 모든 목표를 목적합리성에 끊임없이 복종시키는 데 있다.(호르크하이머 1974, 7) 목적합리성은 물질적인 조정의 사물법칙성으로서 사물화 되었고 강제 없이도 복종하게 되었다. 예를 들어, 프랑스에서 "누워 있는 경찰관"이라고 불리는 도로 위 과속방지턱을 보면, 자동적으로 차 속도를 줄이는데 이러면서 배우게 된다는 것이다. 목적합리성으로만 환원시키려는 권력에 대항하여 하버마스는 목적합리적 행위와 의사소통적 행위의 구별을 시도한다. 그의 초기 저작 『'이데올로기'로서의 기술과 학문』에서 "사회체계에서 목적합리적 행위의 기술적 이성"(하버마스 1968, 49)은, 여기서는 기술과 지배가 전례 없을 정도로 융해되어 있는데, 의사소통적 행위에 대척하고 있다. 의사소통적 행위는 규범과 목적을 충분히 토론함으로써 해결될 수 있게 한다. 이 이중구조는 그의 저작 『의사소통 행위이론』에서 다시금 반복된다. 그는 "체계"의 목적합리적 영역을 이해(소통)지향적인 "생활세계" 영역과 구별하고, 체계가 생활세계를 위협한다고 분석한다.(하버마스 1981)

'비판이론'의 기술 비판은 베버뿐 아니라 20세기 초반에는 누구보다도 아르놀트 겔렌(1904~1976)에게서 아주 풍부한 기술철학적인 근거를 찾을 수 있다. 인류학적인 안목으로 기술을 장기臟器 대체나 장기 강화로서 규정한다. 겔렌은 이 기술의 도움으로 "결점의 존재"로서—"감각이 빈약하고, 무기도 없이, 온몸을 벗고, 자궁 속의 태아처럼 행동하는 본능적으로 불안한,"(겔렌 1957, 8) 마치 플라톤의 『프로타고라스』의 대화에 나오는 프로메테우스 신화에서처럼—인간은 자기의 결점을 보충한다고 분석한다. 그는 또한 현대기술을 "인간의 내적인 그리고 외적인 행동을 적응하게끔" 강제하는 "위대한 슈퍼구조들"의 복합체로서 분석한다.(겔렌 1957, 39)

"탈역사post-histoire"라는 개념을 토론에 도입한 겔렌은 이 개념을 기술의 문제와 명백하게 관련짓는다. 기술은 일반적인 경로로서 진보의 세속화이다. 이 경로에서 "거대한 기획은 서로 대립하는 과정들로 엮어지는데, 점차로 자신의 고유한 법칙에 따라 전개되어서, 거대한 진보는 천천히 옆으로 밀려나게 된다. 왜냐하면 사람들이 사실과 정신의 주변부에 무조건 매달리려고 하기 때문이고, 그리하여 공허해지기 때문이다."(겔렌 1978, 409)

위협적인 결말을 가져올 수 있는 힘의 구체적인 영향력은 1945년 7월 16일 첫 번째 핵실험의 성공으로 세상에 모습을 나타낸다. 핵무기 개발 계획인 '맨해튼 프로젝트'에는 지식, 기술 그리고 조직이 전무후무하게 체계적으로 맞물려서 작동했다.(헤르만 1982) 핵실험은 이 실험 바로 다음 날 트루먼, 처칠, 스탈린이 포츠담에 모여 가진 회담에도 본질적인 영향을 끼쳤다. 세계를 파괴할 수 있는 위협인 "머리 위의 폭탄"(셸 2008, 58)은 파키스탄, 이란 그리고 북한과의 갈등에서부터 현재의 이라크 전쟁에 이르기까지 정치에 깊숙이 영향을 미친다. 폭탄의 존재와 핵에너지의 상업적 이용은 로버트 융크(1977, 193)에게는 "최상부 감시의 촘촘한 그물망", 짧게 표현하여 "핵

국가"를 필요로 하게 한다. 핵무기의 영향은 공포의 새로운 형태에만 국한되지 않고 문화적 인식에도 영향을 미친다. "비키니"라는 수영복 이름은 핵폭탄 실험 장소인 비키니 환초에서 따온 것이다.(크라머 1983)

체계이론Systemtheorie이 본질적으로 기술과 권력의 주제라는 맥락에서 형성된 것은 우연이 아니다. 권력의 관계성과 생산성의 측면이 체계 개념과 함께 논의의 중심에 서게 된다. "개인과 사회적 기능수행자들이 사물체계와 융합되는"(로폴 1979, 180) 행위체계로서의 사회공학적 체계가 분석될 때에는 상대적으로 강한 이 융합체의 응집성에 초점이 모아진다. 그에 반하여 "체계의 결과들은 매 순간마다 정지될 수 있다"는 루만의 이론적 출발점은 체계들의 과정적 성격을 주로 다룬다. "어떤 체계는 요소들로 만들어지며, 그 요소들로 자신의 통일성을 구성한다. […] 그 요소들은 체계의 기저를 이루는 공통성을 가지고 있다." 하지만 이 기저의 전제마저도 유지될 수 없으며 "이 요소들의 본질적이고 존재론적인 특성의 관점마저도 유지될 수 없다"고 루만은 말한다.(1987, 60, 42) 체계의 실재Wirklichkeit는 자신의 (재)생산인 것이다. 즉, 체계는 자신의 외부인 환경과의 차이를 통해 자신의 요소들을 형성하면서 자신의 통일성을 생산하며, 이를 통하여 체계는 자신을 만들고 자신의 요소들을 만들어낸다. 따라서 환경은 중립적인 배경이 아니고 다시금 차이를 통하여 구성되는 체계를 통해서만 존립한다.

생명권력

현대 기술의 본질적 지배에 관한 하이데거의 지적은 유전공학, 특히 인간유전공학의 발전에서 그 타당성을 보여준다. 이 발전은 인간 스스로의 자화상에 대한 깊숙한 개입으로 받아들여진다. 하버마스(2001, 43)는 이 발전을 코페르니쿠스와 다윈 이후 세 번째 세계상像의 탈중심화로 평가하기까지 한다. 수많은 걱정을 생기게 하는 이 변화는 권력이론적인 범주에서 파악할 수 있다. 즉 우연을 통해서 진행되어온 여러 종류의 진화가 생산하고 제조할 수 있도록 하고 있다. 일반적인 차원에서 토론될 수 있지만, 권력의 미시정치적 차원에 눈을 돌려보는 것이 중요한 것 같다. 『유전자의 권력』(헹스트슐레거 2008)이 고전적 인간상에 대한 의문을 던지는 동안에 권력의 실행은, 예를 들면 의료업계의 실천은 이미 인간의 일상적 삶을 점령하고 있다.

이러한 개입은 개인과 사회의 연결고리인 규범의 새로운 영역을 형성하고 있다. 이 점은 질병을 새롭게 정의하는 경향에서도 구체화되어 나타난다. 질병은 어떤 방식이든지 항상 구체적인 삶과 관련이 있었지만 인간유전공학에서는 질병은 유전적인 비정상으로 취급된다. 토마스 렘케(2000, 238)는 유전공학의 발전이 의사와 환자에게 미치는 결과에 대해 이렇게 말한다. "질병을 확증하고 처방을 내리는 데 있어서 이제는 해석하는 데 노력을 기울일 필요나 의사-환자의 관계를 제도화시킬 필요성도 없어졌다고 말한다. […] 건강과 질병의 진단에 대한 권위는 의사에서 '바이오기술자'나 의료공학자, 또는 유전자관리자에게로 넘어갔다. 그들의 결정은 기술적 규범이나 자연과학적 지수에 경도되어 있다. […] 환자 역시 변화되었다. 환자는 '본인의' 질병에 대한 관할(책임)을 잃는다. […] 환자-주체의 관계가 끊어지자 질병이 환자로부터 분리되는 것이다. […] 질병은 개인 고유의 아픈 경험으로부터 분리되어 구체적이고 경험할 수 있는 육체적-심리적 변화보다는 기술적 문제에 더 관심을 두게 된다. 질병은 하나의 기능장애일 뿐이다. 질병은 더 이상 개인의 병리를 나타내는 것이 아니라 단지 기술적인 교정의 필요성을 의미한다." 자신의 비정상에 의한 결과에 대해 책임져야 하는 당사자는, 예를 들어 가족계획을 세울 경우, 이제 피해 갈 수가 있다. 자기결정권이지만 사실은 그렇지 않다. 즉 외부에 의한 결정인 것이다.

개인이 자신의 개인사와 그리고 타인과 관련된 복합적인 것들로부터 벗어나면서 급진적인 방식으로 자기 자신에게 그리고 자신의 육체적인 것의 벌거벗은 모습으로 귀착되는 그 과정을 조르조 아감벤(2002)은 일반적인 차원에서 오랜 역사적 발전의 종착점이라고 묘사한다. 그의 시작점은 고전적 그리스의 구분에서 출발한다. 모든 생물에게 공통적인 자연적 사실로서의 삶인 zoe(생물적 삶)과 삶의 문화적, 역사적인 형태로서의 bios(바이오스. 사회적 삶)의 구분에서 시작한다. 고대 그리스 사람들이 주목한 것은 거의 bios이기 때문에 '어떻게 좋은 삶을 살 수 있을까' 하는 질문에 집중한 반면, zoe적인 삶은 bios적인 삶의 단순한 전제일 뿐이었다. 기독교를 통해서야 처음으로 zoe는 종교적인 규범을 통해서 제어되어야 하는 죄의 속성을 가진 육체로 변화된다. 아감벤은 19세기와 특히 20세기의 역사적 과정을 bios가 점점 zoe로 귀환하여 결국에는 벌거벗은 삶으로 축소되는 것이라고 보았다. 체사레 롬브로소의 이론은 그러한 대표적인 예로서, 그는 범죄자의 bios를 자연적 속성에서, 즉 zoe에서 설명하고자 하였다.(베커 2002) 독일 나치즘의 원인을 우생학에서 찾는 것도 마찬가지 예이다. 아감벤의 결론은 이렇다. "벌거벗은 삶은 근대의 본래 주제이다." 아감벤의 진단이 적확하다면, 육체와 정신의 고전적인 이중적인 관계 역시 해체되어야 한다. 정신의 모든 속성은 육체적으로 설명될 수 있어야 한다. 뇌 연구 분야에서 활발한 논쟁들이 이것을 말해주고 있다.

자기결정으로서의 타자의 결정, 즉 정상화는 역사적 맥락에서도 등장하는데, 이것을 푸코(1999)는 근대 시기 우세한 권력의 형태로서 "생명권력Biomacht"의 형성으로 분석하였다. 푸코는 생명권력으로 17세기부터 나타나기 시작하는 하나의 역사적인 전환을 분석하고자 하였다. 즉 생명은 새로운 방식으로 권력의 초점이 된다. 19세기에는 정치적 담론이 "생물학적" 담론이 된다. 국민은 개개인의 육체처럼 사안별로 길들일 수 있는 똑같은 육체가 된다. "죽일 수 있는 또는 살려줄 수 있는 권력은 살게 할 수 있는 또는 죽게 내버려둘 수 있는 권력으로부터 분리되었다."(푸코 1979, 165)

오늘날 인간유전학 분야에서 전환의 조짐이 나타나고 있다. 고전적인 예방적 사고방식은 '유전자는 숙명적으로 주어졌다'는 생각을 낳거나 애초부터 '나쁜' 유전자를 갖고 있는 개인을 선별하는 행위로써 부정적인 정점을 보여주었다. 이 부정적 사고방식은 형성적(조작적) 사고방식에서 점차로 분리되었다. 자신이 관련된 모든 복합적 삶의 주체로서의 개인은 이제 더 이상 이 형성(조작)과정의 주체나 대상이 아니라, 바로 유전자 자체가 그것을 대신한다. 유전자는 기술적 개입이 가능한 객체가 되는 것이다.

컴퓨터의 힘

20세기 초엽부터 이탈리아의 미래주의자들은 파시즘의 사상에 가까이 서 있는 예술적·철학적인 운동을 기획하였다. 온 세계를 기술로써 변화시키자는 근대적 프로그램처럼 그 내용도 급진적이었다. 그들은 "물질을 잘 알고 물질과 친교를 통해서 […] 대체부품으로 조립할 수 있는 기계적인 인간을 창조"하고자 한다.(마리네티 1912, 288) '미래주의 선언'은 이렇게 말한다. "우리가 불가능한 세계의 비밀스런 문을 열고자 한다면 왜 우리는 뒤에 머물러 있어야 하는가? 시간과 공간은 어저께 죽었다. 우리는 이미 영원한, 언제나 편재遍在하는 속도를 만들었기 때문에 이미 절대의 시대 속에서 살아가고 있다."(마리네티 1909, 77 이하) 캐나다의 미디어 사회학자인 마샬 맥루한의 분석이 미래주의자들의 유토피아와 상당히 유사하다는 놀라운 사실은 미래주의자들의 프로그램이 일정 부분 실현이 되었다는 것을 말해준다. 맥루한은 1962년 유명한 슬로건 하나를 세상에 공표한다. 통신수단은 정치적·사회적 경계를 넘어서서 민주적인 상호 교류를 가능하게 하며 세계를 하나의 *지구촌*으로 만들 것이다. "우리는 동시성이라는 아주 새로운 세계에 살고 있다. 시간은 멈추고, 공간은 사라졌다. 우리는 모든 것이 동시에 일어나는 [···] 하나의 지구촌에 살고 있다."(맥루한/피오레 1984, 63) 인터넷을 통하여 수천 명의 청년들이 동시에 약속을 하여 한 공공장소에 갑자기 나타나서 아무런 대책 없이 멍하니 바라보는 경찰들 앞에서 깜짝 공연을 보여주는 것을 본다면 인터넷이 민주화에 기여할 것이라고 믿을 것이다.

시간과 공간의 거리가 사라진 이 세계의 엄청난 영향력은 물론 완전히 다른 의미이긴 하지만 2008년의 글로벌 금융위기가 너무 잘 보여준다. 물론 제한과 지배가 없는 인터넷 세상의 유토피아에 대하여 많은 비판이 가해지고 있다.(뵐 1998, 353 이하) 파울 비릴리오는 디지털의 보이지 않는 권력 아래로 "유리알같이 투명한 인간"을 복종시키는 글로벌 세계경제와 오락산업 및 군사용 연구의 결합으로서의 "사이버-파시즘"이라고까지 말한다. 요즈음은 누구나 핸드폰으로 어디서나 접속할 수 있다. '구글'이나 '마이크로소프트'처럼 새로운 독점기업을 탄생시키는 디지털 기술과 미디어의 융합에 대해 개인과 국민국가는 점차 무력하게 서 있을 뿐이다. 구체적 차원에서 보면, '가상의 사회화'* 영역에서 인간은 그들의 구체적인 사회적 연결이나 상호행동에서 점차로 분리되면서 기술적 수단을 통하여 연결이 되지만, 한편으로는 고전적인(정치적인) 공공성을 잃게 된다. 한국에서는 9세에서 39세 사이의 인구계층 중 이미 10퍼센트가 정신심리학적으로 인터넷 중독자라고 한다. 그런 반면에 군사 영역에서는 고착된 체계나 제도들에 비해서 수직적 모델과 탈중심적

* 인터넷 상의 어떤 조직이나 집단

네트워크 구조의 결합에 많은 장점이 있다고 알려져 있다.

사회과학적 논의에서 네트워크(연결망) 개념이 시스템(체계) 개념을 몰아내기 시작한 것은 어쩌면 당연한 것이다. 행위수행자 개념은 주장하기를, 기술적 인공물이 동반수행자로서 사회적 체계에 함께 평가될 수 있다고 한다.(슐츠-쉐퍼 2000) 이러한 의미로서 더욱 발전된 것이 소위 행위자-연결망 이론이다.(라투르 2000) 이에 의하면 지식 및 기술의 진보라는 것은 단지 이질적인 것, 인간행위자, 비인간행위자를 연결망에 연계시키는 과정으로만 이해된다. 참여 행위자들이 상대적으로 안정적인 연결망을 구축하는 데 성공하면 이 과정은 성공적으로 평가된다. 여기서 주목할 점은 두 가지이다. 하나는 연결망의 행위자들 간의 관계 변화이고, 다른 하나는 행위자 스스로의 변화나 구축이다.

이미 요세프 바이젠바움은 컴퓨터의 사회적 영향력을 사고의 무력화와 함께 생각하였다. 이성이 컴퓨터의 기술·논리적 조작으로 대체되는 것이다. 『컴퓨터의 힘』(1977)은 단지 세계에 대한 지식뿐 아니라 심리학에서 볼 수 있듯이 지식 자체를 구조화시킨다. 계몽주의자들은 개개인을 이성과 지식의 소유자로서 생각할 수 있었지만, 오늘날 지식은 복잡한 컴퓨터 프로그램을 통하여 수많은 전문가들에게 흩어져 있다. 어떤 수학자 한 사람도 5000쪽 이상에 달하는 단순한 그룹으로 완전히 분류되어 있는 수학의 문장을 컴퓨터로써 증명할 수가 없다.

고유하면서도 공통의 지식을 통일적으로 섭렵하고자 한 계몽 프로그램은 자신의 역사적 동력에 의하여 실패한 것처럼 보인다.

장-프랑수아 리오타르는 대표적인 포스트모던 텍스트인 『탈근대적 지식』(1986)에서, 정보사회에서의 지식은 이제 하나의 통일적인 "거대한" 이야기, 이성, 진보에 의해 더 이상 유지될 수 없다고 주장하고 있다. 이 사실은 한편으로는 통일화된 강제의 종말을 의미하며, 다른 한편으로는 기본원리로부터의 분열을 말한다. 각기 고유의 규칙을 따르는 상이한 담론양식에서의 "갈등"(리오타르 1987)은 결국에는 지양될 수 없다. 어떤 하나의 담론양식을 최종적으로 타당한 것으로 추어올려주지 않으면서 그 갈등을 참여적인 과정으로 묶어내는 것이 현재 주어진 과제이자 도전이다.

제6장

전체주의적 권력

'전체주의'는 역사적으로 하나의 정치적 투쟁 개념이다. 이 개념은 1919년에 최초로 레닌에 대하여 사용되었고, 1923년에는 이탈리아의 파시즘에 대하여 사용되었다. 결국에는 파시스트들이 자신을 표현하는 데 이용하였다. 1925년 그들은 "우리 혁명의 전체주의적 강령"을 마련했으며, 1929년 총통은 '전체주의 체제'를 말했다. 파시스트의 강령 속에는 정치학적 정의에 따라 이미 전체주의의 요소가 들어가 있었다. 이를테면 입법부, 사법부, 행정부 간의 권력분립 지양, 대중매체 수단과 경제활동을 지도자의 관리 하에 둠, 대중교육의 획일화된 유일한 목표, 국가와 융합된 유일 정당 등이다. 종종 개념의 오용은 현 시대의 분석에서도 마찬가지로 필수적인 정확한 파악을 어렵게 한다. 전체주의는 권력의 주제라는 측면에서 하나의 한계 개념이다. 나치의 집단수용소에 대한 분석에서 소프스키(1993, 20)는 이렇게 썼다. 수용소는 "사회를 이해하기 위해 사용하는 개념들, 사회적 행위, 상호작용, 노동과 권력 등의 개념들을 쓸모없게 한다." 한계 개념으로서 전체주의적 권력은 역逆(반)작용 과정을 표현한다. 권력은 항상 복수의 사회적 조직들과 관련이 있는 반면에, 전체주의적 권력은 한편으로는 오직 유일무이한 폭력 아래로 사회를 던져 넣으려 하고 또 한편으로는 모든 사회적인 복수의 관계들을 관통하고자 한다. 따라서 그들의 실천 행동에 국가시민의 적극적인 참여를 요구하는 점에서 전체주의는 점차로 다른 독재 레짐과는 차이를 드러낸다. 이러한 역(반)작용을 근거로 전체주의 체계는 겉으로 보기에는 고착된 굳은 모습을 띤다.* 이런

* 역작용으로서의 국가시민의 적극적 참여 및 운동을 고취시키는 측면에서 실제로는 매우 역동적인 모습을 띤다.

> 이유로 전체주의는 나치즘, 파시즘, 스탈린주의 같은 역사적 구성체들을 묘사하지만, 전체주의적 권력은 아직도 진행형 범주(개념)이다.

대중운동

이러한 통찰에 기반을 두고 우선 용어를 구별해 보면, 소프스키는 전체주의를 절대적 권력으로 분석하였다.(1939, 29; 임부쉬 1998, 15 이하) 이는 안정적인 사회적 구조를 세우고자 하는 조직화된 권력으로 이해되었다. 전체주의적 권력은 "끊임없이 움직이게끔 하는 운동"(아렌트 1986, 528)으로서, 이 운동은 완성되는(끝나는) 것을 의미하는 정치적 목표를 기본적으로 가지고 있지 않다. 왜냐하면 전체주의적 운동은 "계속 움직이고 있으며 모든 것이 그것을 중심으로 움직이고 있을 때에만 유지될 수 있기 때문이다."(아렌트 1986, 495) 이 두 정의들 사이의 긴장은 전체주의 자체에도 존재한다. 소련의 경우 트로츠키는 '영구혁명'을 주창한 반면에 스탈린은 왜곡된 권력기술로 변형시켜 버렸다. 독일의 나치즘에서는 히틀러가 1934년에 대중운동인 나치 돌격대SA의 수장인 에른스트 룀에 대해 암살을 지시했고, 그 스스로 제2차 세계대전과 유대인 학살로 대중을 동원시켰다. 제도화와 운동 사이의 긴장은 전체주의에 대한 권력이론적인 접근에 있어서 가장 중심에 서 있다. 볼셰비키 당이 건설되자마자 스탈린식의 공포정치가 시작되었다는 사실은 전체주의가 일차적으로 운동의 범주에서 출발한다는 것을 말해준다.

이러한 의미에서 전체주의적 권력의 성립은 사회가 실제로 운동으로 빠져들고 기존의 전승된 제도들이 와해되는 것을 전제로 하고 있다. 이 과정은 대중에 관한 이론에서 논쟁이 된다. 프랑스 혁명의 시대에 처음으로 물리적인 의미뿐 아니라 정치사회적 의미로써 사용했던 대중의 개념이 독일어로 번역되었을 때 이 개념은 역(반)작용의 특성을 갖고 있었다. "뭉쳐진 더미" 즉 대중은 한편으로는 단지 무더기 집단이다. 하나의 뿌리 뽑힌 존재들의 무정형의 집합이지만, 또 다른 한편으로는 어떤 일정한 방향을 향하고 있기 때문에 하나로 뭉쳐진 더미이다. 이미 헤겔(1972, 244조)은 농민들의 대부분이 뿌리가 뽑히고 도시의 거대 공장의 노동자로 변모하는 것을 보면서 "하층민의 양산", 국가에 편입되어야 할 무형태의 대중의 양산이라고 보았다. 스페인의 철학자이자 사회학자인 호세 오르테가 이 가세트(1883~1955)는 1931년에 출간된 『대중의 봉기』라는 저서에서 대중으로서의 인간은 오직 현대적 인간의 양태이다. 전승된 규범은 그들에게서 사라지고 동시에 그들은 "부정적 도덕"으로 내몰리고 있으며 "공허한 상태로 있는" 존재로서(오르테가 이 가세트 1989, 204) 공동장소나 기술적인 조작으로 공허함을 채우려고 하고 있다. 히틀러가 "광범위한 대중의 국민화"를 말했을 때,(모세 1976, 6) 바로 이 텅 빈 공허가 원재료가 된 것이다.

구스타브 르 봉(1841~1931)이 1895년에 저술한 『대중의 심리학』을 히틀러와 괴벨스는 열심히 연구했겠지만, 르 봉 자신에게는 국가적 큰 인물이나 종교지도자가 대중심리학자로 여겨졌다. 대중에 대한 광범위한 현상들은 르 봉에게는 현대에, 대중의 시대에 와서야 비로소 등장했다. 그래서 대중이라는 개념은 하나의 심리적인 예외상태를 묘사하였다. "어떤 상황에서는 […] 하나의 집회가 그 공동체를 구성하는 개개인의 속성과 전혀 다른 새로운 속성을 가진다. 의식적인 개성(인격)들은 사라지고 모든 개개인의 감정과 생각들이 동일한 방향으로 지향한다. 이것은 공동정신을 만들어낸다."(르 봉 1982, 10) 개성(인격)의 상실을 르 봉은 인격 형성 발달과정에서 초기 단계로의 퇴행이라고 묘사한다. 이 단계는 모순성과 합리성이 형성되지 않은 단계이다. 이것은 퇴행으로, 대중들의 지속적인 흥분상태의 고조와 사회적인 전염으로 유지된다. 이러한 격정과 감정의 사회화 과정을 통하여 대중정신은 방향을 얻게 되고, 이 과정의 촉매제로써 특정사건이나 지도자를 필요로 한다. 지도자는 대중과 달리 변함없는 의지를 가지고 있어야 하고 '후광'을, 선천적이든 후천적이든 위엄을 가져야 한다. 이 점에서 르 봉을 이어받은 프로이트는 지도자를 사랑과 함께 욕구Libido의 대상으로 파악하였다. 나의 우상, 채워지지 않은 욕구의 투사체, 최면상태를 프로이트(1982a, 107)는 "두 번째의 대중 형성"으로 표현한다.

1943년 2월 18일 괴벨스의 '체육궁전 연설'("나는 너희들에게 묻는다. 너희들은 전면전을 원하는가? 필요하다면 우리가 오늘 상상할 수 있는 것보다 훨씬 더 과격하고 전면적인 전쟁을 원하는가?")은 물론 르 봉이나 프로이트의 설명으로 분석할 수 있지만, 심리적인 함의는 역사적 권력현상으로서의 전체주의를 파악하는 데 적절하지 않다. 심리학적인 설명 대신에 엘리아스 카네티는 권력과 대중이 어떤 방식과 형태로 엮이게 되는가를 질문한다. 따라서 1960년에 출판된 그의 주저 『군중과 권력』은 제목을 적합하게 달았다. 단지 대중의 산물로서의 지도자는 논의의 중심에 있지 않고, 권력에서부터 시작하여 외부로 즉 적들에게 향해지는 박해의 감정이나 공포 등이 논의의 중심에 선다. 아렌트는 논의를 한 걸음 더 전진시킨다. 그녀는 "계급의 대중으로의 전환과 이 전환과 함께 생기는 어떠한 집단연대성의 붕괴는 예외없이 전체주의적 지배의 조건이 된다."고 말한다. 이 전환은 한편으로 전체주의적 지배를 가능하게 하는 역사적 전제이다. 대중은 이미 "계급사회를 대신한 산물"이다.(아렌트 1986, 484, 510) 다른 한편으로 대중화는 운동 자체로서 전체주의적 권력의 도구이다. 그 도구는 고유한 수단으로 대중화를 앞당기는데 그 수단은 바로 테러이다.

테러

1917년 10월 혁명 당시 러시아 사회는 이미 제대로 기능을 하지 못하는 제도를 갖고 있었다. 스탈린은 소비에트연방의 민족성을 파괴하고 그 사이 생겨난 새로운 계급들을 체계적으로 와해시키면서 뿌리 뽑힌 대중을 양산하였다. 우선 노동자평의회나 노동자-농민위원회, 중간층, 농민들, 끝내는 노동자들을 개별화시키는 결과를 가져온 스타하노프 체제를 통하여 노동자계급까지도 와해시켰다.(이 체제는 '노동 영웅' 알렉세이 그리고리예비치 스타하노프의 이름을 딴 것으로 극단적인 경쟁을 유발시키는 체제인데, 그는 하루 목표치를 무려 13배나 초과달성하였다.) 1936년 모스크바는 고위 관료나 혁명의 원로를 제거하는 정치무대를 보여주기 시작했다. 그것은 '대숙청'의 한 부분이었고, 모든 당원의 50퍼센트 정도가, 그중 관료와 군부 엘리트가 대부분 수용소로 보내지거나 처형당했다.

아렌트는 그러한 냉혹한 과정에서 어떤 "이성적"인 근거도 찾아볼 수 없다는 점을 강조한다. 그런 짓은 실제 적에게 가해지는 것이 아니며 국민경제에 엄청난 폐해를 가져다주었다. 흔히 말하듯이 스탈린의 개인적 편집증에 그 원인을 돌리는 대신에 아렌트는 권력의 생산성의 형태로서 해석한다. 테러는 "결코 단순히 부정적이 아니라—체제 반대자의 숙청처럼—오히려 전체주의적 허구의 실현에 긍정적으로 기여한다."(아렌트 1986, 652) 테러는 개인을 원자화시키면서 동시에 운동하게끔 추동한다. 테러는 스탈린체제나 나치즘에서 각기 다른 형태를 띤다.

테러가 개인을 원자화시키는 작용은 스탈린 하에서는 상존하는 위협과 가까운 사람들의 밀고의 두려움으로 나타났다. 개별(원자)화된 감정의 대표적인 속성이 두려움이다. 스탈린은 밀고를 볼셰비키 당원의 의무라고 설명하였다. 수많은 음모들이 계획적으로 꾸며졌다. 소위 당 수뇌부를 제거하는 '의사들의 음모'부터 '유대인의 세계 공모'까지도 나오게 되었다. 테러는 조사기관인 비밀경찰에까지도 행해졌다. 많은 젊은 관료들은 경험 많은 선임자들의 숙청을 통해 자신들의 지위 향상을 내심 바라기도 했지만, 숙청된 당사자들은 당을 위해 필요한 희생자들을 자신들의 밀고를 통해 갖다 바쳤다고 확신하였다. 아더 쾨스틀러는 자신의 소설『태양의 환영』(1978)에서 간부가 자발적인 희생자로 전환되는 것을 그렸다. 나치의

'관변(어용)화' 작업은 무엇보다 언론기관을 향했고, 유태인들은 기관들에서 '제거'되었으며, 유태인의 재산은 몰수되어 아리안화가 급속히 전개되었다. 한편 1938년 11월 9, 10일에 나치의 돌격대에 의해 자행된 '제국정화의 밤Reichskristallnacht'에 유태인의 회당을 방화하였다.

흔히들 전체주의 체제는 견고한 체제라고 생각한다. 아렌트는 이와 다른 주요한 주장을 한다. 나치즘이나 스탈린주의에 있어서 바로 어떤 분명한 비체계적 요소가 오히려 테러가 작동하는 데 기여했다는 점이다. 국가적 제도들의 뒤에는 당의 권력이 숨어 있었고, 이것은 불투명하였다. 그래서 사람들은 항상 무언가 잘못할 수 있었다. 아무도 실제 관할 기구를 몰랐다. 이미 프란츠 카프카는 이런 상황을 자신의 단편 『성城』에서 묘사하였다. 다양한 기관들이 각자 서로 경쟁하여서 결정권한의 위계질서가 없어진 것이다. "전체주의 지배체제에서 오히려 권위 및 위계질서가 없는 점은 단적으로 여기서 잘 볼 수 있는데, 바로 최고의 지도자와 피지배자 사이에 신뢰할 수 있는 그 어떠한 중간매개기관(각 기관마다 부여된 적합한 권위와 피복종을 가진)이 없다는 것이다. 최고지도자의 의지는 언제든지 모든 곳에 구현될 수 있고, 그 역시 어떤 위계질서에, 자신에 의해 만들어진 위계질서에 묶여 있지 않다."(아렌트 1986, 629)

아감벤(2004)은 그런 모호성의 영역을 "비상사태"라는 개념으로 설명한다. 원래 제한된 시간 동안만 법질서를 정지시키는 의미의 비상사태가 사회적 규범이 된다. 더 정확히 말하자면 비상상태를 가능하게 하는 규범의 문턱이 된다. 비상사태는 "수용소"에서 자신의 구체적 장소를 찾으며 자신의 지속적인 구현을 이룰 수 있다. 스탈린 시대의 수용소나 나치 하의 집단수용소에 수감된 사람들은 완전히 벌거숭이 삶으로 축소되고 완전히 원자화되어 "어떤 교류도 없이 오직 순수한 삶만을 살게끔 된다."(아감벤 2002, 180) 이 과정을 아감벤은 생명정치Biopolitik라는 개념으로 일반화시켰다. 정치체계는 "삶의 형태와 법규범을 수용소라는 특수한 공간 영역에만 제한시킨 것이 아니라, 체계를 넘어서서 어떤 영역에나 미치는 한정되지 않은 영역, 즉 자신의 내부에까지 제한(지시)시킨 것이다. 이로써 어떤 삶의 형태나 법규범도 가시적으로 모두 파악될 수 있게 되는 것이다."(아감벤 2002, 185) 수용소는 법으로부터 자유로운 공간이 된다. 이 무법천지의 공간은 질서의 중심에 있게 된다.*

이 원자화 과정으로부터 전체주의는 운동의 방향을 획득한다. 운동은 적에 대한 '투쟁'으로 정의된다. 물론 스탈린주의와 나치즘에는 차이가 있다. 스탈린주의가 내세운 '객관적 적'의 지위는 최종적으로는 추상적이기도 한데, 예컨대 자신 스스로도 실현하고자 한 역사적 모델 같은 것이었다. 말하자면 당원들을 포함하여 모든 것이 적이 될 수 있었다. 나치즘은 적으로서 집시, 동성애자, 공산주의자, 무엇보다도 유태인을 설정하였다. 이러한 적들에 대한 투쟁은 맨 먼저 자신의 정체성을 찾는 행동으로 돌입하는데, '민족'이 먼저 '독일 민족'으로 전환되어야 한다. 이러한 자신의 규정은 이 민족공동체에 속한 누구에게나 지속적인 정체성을 부여하고 동시에

* 즉 전 사회가 무질서하게 된다.

크든 작든 공모자로 만든다. 스탈린주의와 비교하여 분명한 경계는, 안과 밖의 경계, 법과 무법공간의 경계, 테러가 자행됨에도 일정 정도 일상적 생활을 가능케 하였다는 것이다. 하지만 총체적 동원이 시작되자 격랑으로 빨려 들어갔다.

지도자는 운동을 앞서간다. 지도자가 베버의 의미로서 카리스마적인 특성을 가지는가는 아렌트에게 별로 중요하지 않다. 지도자는 전체주의적 체제 하에서는 필수불가결한 지위를 가지고 동원의 과정 안에서 비로소 카리스마를 갖기 시작한다. "지도자 없이는 대중은 무더기에 불과하고, 대중 없이는 지도자는 아무것도 아니다."(아렌트 1986, 527) 지도자의 압도적 지위가 조직적으로 고정되어 있지 않듯이 그의 인격 역시 중립적이다. 나치즘은 정치체계의 전통을 깨트린 것이다. 이런 점에서 나치즘 역시 히틀러처럼 "소위 아무것도 아닌 것"에서 탄생하였다고 프랑스 철학자 조르주 바타유는 말한다.(1978, 33) 바로 이러한 비(무無)이데올로기 특성으로 인하여 나치즘은 국민과 융해될 수 있는 히틀러와 같은 기획인물을 자신의 것으로 만든다. 이에 히틀러는 자신이 결혼을 하지 않은 것을 국민과 결혼하였다고 설명할 수 있는 것이다. 지도자의 가공의 무오류성도 역시 이 중립성과 연관이 있다. 다른 한편으로 스탈린보다 많은 능력을 가졌던 히틀러는 선동가로서 대중과 자신을 동원시켰다. 그의 연설은 "독일 국민 자신을 서술한 의례를 극적으로 변형시킨 행동과 내용물"이다. 그 의례는 일정한 운율로 인해 흥분된 감정으로 연설 내용을 잊게 만드는데, 감정들은 히틀러 자신도 연설하는 중에 자아도 취하게 할 정도로 극적인 것이었다.(모세 1976, 234)

선전의 힘

아렌트(2000)가 "악인의 진부함"이라고 말할 때는 우선적으로는 1962년에 예루살렘에서 진행된 나치 학살 전범인 아돌프 아이히만의 재판에 대해 보도했을 때이지만, 더 나아가서는 전체주의 체제의 비(무)이념성에 대한 그녀의 진단이 작용하였다.(아렌트 1986, 606) 히틀러는 권력을 잡고 난 후에는 '나치당의 강령'에 대해 더 이상 언급한 적이 없다. 스탈린 역시 당 강령을 "당 노선을 쉽게 이리저리 바꿈으로써 없애 버렸다. '마르크스주의'를 새롭게 해석한답시고 지속적으로 노선을 변경함으로써 구체적이고 현실적인 내용들이 해체되어 버렸다."(아렌트 1986, 526) 무솔리니는 철학자 조반니 젠틸레에 기반을 둔 '현실설Aktualismus'을 받아들여 역사적 순간들의 힘을 믿었다. 이 세 종류의 체제 모두에서 지도자들은 자주 냉소적이었고 내용에 별로 상관하지 않았다. 그들은 그들의 행위를 조직으로서가 아니라 오히려 기술적으로 이해하였다.

선전(선동)은 조직적인 일로서 가상의 완결성을 갖추며, 그로부터 현실성을 갖는 체계를 만들어내는 일이다. 선전의 장점은 "사람들이 갑론을박할 수 있는 어떤 주장들과 더 이상 상관없이, 마치 '2 더하기 2는 4다' 하는 것처럼 일상의 자명한 현실적 요소가 되어 버리는 것이다."(아렌트 1986, 573) 리오타르(1986, 136)가 주장하듯이, 선전은 항상 폭력을 수반한 위협과 연계되어 있기 때문에 "언어영역의 바깥"에 서 있다. 폭력은 더 이상 정당화될 필요도 없고, 스탈린주의처럼 직접적으로 거의 자연스러운 역사적 법칙의 피할 수 없는 결과로서 나타나는 것이다. 그 법칙은 단지 '과학적 사회주의'의 논리와 이 체계에 의해 진행될 뿐이다. 그리고 폭력은 나치즘의 경우에는 '독일 민족'의 생존투쟁을 위해 피할 수 없는 결과처럼 그렇게 가해지는 것이다. 고삐 풀린 폭력은 전체주의 체제를 '자기실현적(자기충족적) 예언'으로 증명하고 있다.

선전은 틀에 박힌 정형을 만드는 데 종사한다.(그리스 어원으로 sterios. '틀에 박힌, 고정된'이라는 뜻) 이 개념은 미국의 언론비평가인 월터 리프만이 사용한 것으로 어떤 것을 쉽게 다시 알아볼 수 있는 특성을 잘 갖춘 고정적인 모형을 뜻한다. 나치는 안티세미티즘(반 셈주의)의 오랜 전통 속에서 이번에는 '유태인'의 특성을 걸고넘어진다. 인색하고 콧대가 높고, 소심하고, 영민하고, ……. 여기에다가 예를 들면 'Kohn'이라는 이름이 연상시키는 단어들이 더해진다. 메시지는 이렇다. 유태인은 독일에 동화가 되더라도 '유태인'은 역시 '더럽다.'

비(무)이념성에 대한 아렌트의 진단은 공산당을 계급이익이나 계급의식의 대변자로서* 스스로 규정하는 것에 대해서도 반대할 뿐만 아니라, "비판이론"가들이 전체주의를 비판함에 있어서 이데올로기 개념이나 권위주의 특성의 개념을 논의의 중심에 두려는 방식에도(아도르노 1973) 반대의 입장을 나타낸다. 아도르노와 그의 동료들이 1945년 이후부터 수행해온 거대 연구계획에서 권위적 특성은 권위적 교육 때문에 생겨난 유약한 인간성으로, 이것은 현존하는 편견구조 안에서 그들의 욕구에 의해 약자에 대한 싸움에서 강함을

* 즉 이데올로기적으로

선호하게끔 만든다. 사회학적 경험론이나 사회심리학적·철학적 관점이 융합된 이 연구는 융합학문적 모델의 성격을 갖고 있다.

전체주의적 선전은 영향력에서 볼 때 권력의 실행 형태로 묘사된다. 언행일치가 바로 되기 때문이다. 이것은 건축물이나 기념조형물이나, 행진이나 종종 종교언어도 인용되는 축제의 경우나, 무엇보다 정치를 미화할 경우에 잘 나타난다. 위르겐 라프와 그 외 집필진(2002, 144)이 이 점을 나치 시대 회합의 경우를 통해 분석하였다. “의례적 행위는 […] 참여자들을 모방하게끔 하여 계속 지속된다. 그것을 ‘전부’로서 파악하여 새로 생겨나는 동호회에 들어가게 가고, 각 개인을 똑같은 사람들의 결사체로 용해시키고, 개인뿐 아니라 집단으로 일상생활을 일탈하게 한다.” 유태인 소설가 빅토르 클렘페러는 그의 일기를 통하여 다큐멘터리처럼 정확하고 생생하게 ‘제3제국’에서의 생존을 그리고 있으며,(1995) 또한 제3제국에서의 언어를 분석하였다.(1998) 광란의 대중의 언어는 모든 것이 자극과 흥분된 형태로 출산 광고까지 오염된 상태였다.

비교불가능성과 현실시사성

유럽의 유태인들이 나치에 의해 죽음을 당한 것은 한편으로는 ‘Holocaust(대학살)’〔그리스 어원으로는 Brandopfer(불의 제물)〕, 다르게는 ‘Shoa’〔히브리 어원으로는 Unheil(재앙), Katastrophe(재난)〕로 표현된다. 모두 설명을 필요로 하는 고통을 지칭한다. 희생제물Holocaust은, 예컨대

(호르크하이머처럼) 파시즘을 현대 사회의 진실로서 하나의 비관적 역사모델로 통합시키려는 시도를 했다는 데 의미가 있다. 하지만 재앙Shoa은 그 자체로 비교할 수가 없다. 나치즘과 스탈린주의를 상대적으로 비교할 때도 마찬가지로 어렵다. 여기서 아렌트의 관점에 따라 이 두 체계를 전체주의로서 다루었지만 이 둘은 윤리적으로나 도덕적인 관점에서 비교가 어렵다.

하지만 'Shoa(재앙)'나 'Gulag(수용소)'는 유일무이하다는 윤리적 주장도 비교분석하는 것을 배제하지는 않는다. 전체주의가 불러온 어마어마한 사건들이 사회과학적 또는 역사철학적 '설명'으로부터 벗어나 있다는 바로 그 사실은 프리모 레비가 쓴—그는 아우슈비츠에서의 생존을 썼으며, 또한 소프스키가 집단수용소를 분석할 때 대표적 주장으로 사용했던—문장에 특별한 의미를 부여해준다. "그것은 일어났고 그래서 또 일어날 수 있다. 그것은 어떤 곳에서든지 일어날 수 있다."(레비 1990, 206)

제7장

지구화 시대의 권력

> 현 시대를 다양한 개념들로 분석할 수 있는데('정보사회', '지식사회', '기술문명' 등) 이 개념들은 '지구화Globalisierung'를 공통적인 배경으로 하고 있다. 지구화를 동반하는 근본적 변화의 과정은 기술적 · 경제적 전제를 통하여 이루어진다. 그것의 문화적 토대는 기호의 권력으로 분석되기도 한다. 그것의 결과는 세계를 움직이게 한다. 즉 권력관계가 항상 변하는 불안정하고 긴장된 세계다. 새로운 형태로 통치될 하나의 세계다. 지구화의 권력을 민주적 방식으로 구축하는 것이 현 시대의 도전이다.

문화적 지구화

오늘날 널리 회자되는 '지구화'라는 개념이 경제학자인 테오도르 레비트에 의해 1983년에 처음으로 논의된 것은 조금 놀랍다. 그는 경제적·기술적·문화적인 측면에서 세계의 단일화를 설명하였다. 이미 1498년 바스코 다 가마의 인도항해가 유럽이 중심에 서 있는 경제적·기술적·문화적 지구화(세계화) 과정의 시작을 의미했는데, 그렇게 이해한다면 지구화는 오래된 역사적 현상이라고 볼 수 있다.

이에 반하여 마이클 하트와 안토니오 네그리(2002)는 현재 지구화의 특히 새로운 것으로서 다음의 현상을 부각시켰다. 새로운 "제국"은 미국에 의해 주도되지만 모든 권력이 시작되는 실제적인 중심을 갖고 있지 못하다는 점이다. 그 주장에 대해 반론도 많은데 그중에 미국의 지정학의 새로운 형태를 거론한다. 이에 따르면 이제는 많은 공간을 소유하지 않고도 실제로 지배할 수 있다고 한다. 이라크와 아프가니스탄 전쟁이 이를 말해주는데 "신 지정학의 공간은 이제는 지속적으로 머물지 않고, 어떤 상황, 필요, 여건에 따라서 유연하게 최첨단 무력이 파송될 수 있는 하나의 개입공간이다."(마레쉬/베르버 2002, 26) 이런 측면에서 이 공간은 경제적 지구화의 공간 개념과 유사하다. 문화적 의미에서는 하트와 네그리가 옳다고 할 수 있다. 문화적 지구화의 과정에서는 파울 비릴리오의 "내적 식민주의"라는 의미의 어떠한 문화적 헤게모니도 없다. 역설적으로 보이지만 다양성으로 통일화 되는 경향이 나타난다. 거기서는 "다양한 양태"(하트/네그리 2004)가 사라지지 않고 생산적으로 변형되고 있다.

여기서 가장 중요한 점은 글로벌 소비문화이다. 이에 대해서 두 가지 대립하는 측면이 논의 중이다. 『이슬람 성전 대 맥도날드 세상』(바버 1996)이라든지 『글로벌 음악Globalkolorit』(마이어/테르케시디스 1998)이라는 책 제목에서도 논의의 쟁점을 알 수 있다. 또한 "세방화世方化, Glokalisierung"(로버트슨 1992)라는 개념에서도 나타난다. 한편에서는 모든 문화적 차이들이 유일하게 미국과 유럽적인 소비문화에 복종하여 점차로 하나로 통일되는 경향에 대해서 언급한다. 소위 맥도날드의 세상이 된다는 것이다. 다른 편에서는 특수화의 경향을 주장한다. 예를 들면, 지방의 전통은 유지되고 단일화의 지평선에서 헤쳐 나오거나 반동적으로 강화되어 전통수호의 전쟁까지 불사하기도 한다. 이런 전조들은 이란이 코카콜라 소비를 금지하고 프랑스에서는 맥도날드 지점이 공격을 받는 현상에서 나타난다.

위의 대립적인 두 가지 측면은, 요아나 브라이덴바흐와 이나 추크리글(1998)이 잘 서술하였듯이, 서로를 조건으로 하며, 또한 상호간의 침투로 인한 복합적인 관계에 놓여 있다. 말하자면 서로 다른 문화적 맥락에서 일상적으로 사용하는 것들의 상호 동화과정인 것이다. 스테판 그린블라트(1994, 12)는 "타자의 동화"라고 말하며 동시에 "완전한 이중성 안에서"라는 표현도 사용한다. 과연 어떤 측면을 누가 동화시켰는지는 아무것도 분명하지 않다. 이로써 항상 다시 새로운 사용가능성과 의미들이 현존하는 것들에 첨부되기 때문에, 그리고 그것으로부터 새로운 것이나 변화된 것들이 탄생하기 때문에 글로벌 생산문화는 항상 변화되는 다양한 것의 지시 또는 참고체계라고 해석될 수 있다. 서로 다른 것을 가리키고 영향을 주면서 새로운 문화적 차이점이 생겨나는 것이다. 즉 문화적 혼합과 소용돌이 상태가 생겨난다. 이는 문화적 갈등 속에서 때로는 폭력의 형태로 그리고 부분적으로 종교적 전통을 업기도 하면서 항상 새롭게 제자리를 찾아가고 있다.(아스만/하르트 1990)

소비문화가 꿈꾸는 글로벌 확산은 전 지구적으로 매체문화를 통해 유통되는 영상과 기호의 힘이 없이는 불가능하다. 나폴레옹 보나파르트는 이미 "명령하고자 하는 사람은 무엇보다 상대방의 눈을 보고 말해야 한다."는 것을 알았다.(비릴리오 1998, 223에서 재인용) 오늘날 무엇보다도 텔레비전이나 인터넷에서 유통되는 영상들은 우리들의 사고방식에 어마어마한 영향을 끼치고 있다. 영향력에 관한 연구들에 의하면 "단지 몇 초 동안 계속되는 영상 설명이 단 한 번에 결정적인 입장을 취할 수 있게 한다."는 것을 알 수 있다.(프레이 2007, 113) 앞의 두 매체는 정보를 다루는 것이 아니라 매체회사가 잘 만들어낼 수 있는 "가장 값어치 있는 상품을 다루는 것이다. 이것이 바로 주목도(집중도)이다."(리스만 2003, 11) 게오르그 프랑크(1998)도 "주목의 경제"에 대해 기술하였는데, 주목(집중)은 화폐를 대신하여 "통화"로서 등장한다. 2008년에 실비오 베를루스코니가 이탈리아의 정치권력과 미디어권력을 한 손에 다 쥐고 있었다는 사정을 아는 사람이라면 이 통화의 가치를 잘 알 것이다.

권력론에서 보면 여기서 중요한 것은 상징이라는 개념이다. 권력의 고전적이며 회화적인 은유와는(예컨대 조망을 은유하는 독수리, 강함을 나타내는 사자, 간교함을 상징하는 여우 등) 다르게 하나의 상징은 순수하게 하나의 상투적인 의미를 갖는다. 의미는 질서 안에서의 위치(지위)에 의존한다. 그것이 바로 언어학적 구조주의의 핵심주제이다. Signifikant(가리키는 것, 기표記標, 한 예로 소리가 나는 단어로서의 '집')과 Signifikat(가리켜지는 것, 기의記意, 한 예로 내용으로서의 '집')의 결합은 관습적일 뿐 아니라 그것은 완결되는 것도 아니다. '집'으로 모든 가능한 것이 연상될 수 있듯이 각기의 상징은 다른 수많은 것을 가리킨다. 그래서 그것은 상징적인 질서를 필요로 하는데, 이 질서는 사회에 의해서 만들어지기도 하지만, 사회를 만들기도 한다.

동일한 시각을 프랑스 사회학자 피에르 부르디외는 "상징적 폭력"이라는 개념을 이용하여 이렇게 표현하였다. "각기의 권력은 상징적 폭력으로 향한다. 다시 말해, 그 힘의 근원이 되는 역학관계를 감추면서 그것의 의미를 관철시키고 또 그것을 정당하다고 관철시키는 데 성공한 권력은 그 역학관계에다가 고유한, 즉 원래의 상징적인 힘을 추가하게 된다."(부르디외/파세론 1973, 12) 그러한 것으로서 상징들은 단순한 "상부구조현상"이 아니라 권력이 그 상징의 질서 속으로 "내장"되게 된다.(헤프 2004, 250) 2001년 9·11 사건은 기억 속에 남을 때 "세계무역센터 건물이 비행기 두 대에 의해서 충돌되어 붕괴되었던 그날이 아니라, 그것을 사람들이 '본' 날로 기억된다."(볼페 2003, 45) 이것을 '본' 것의 질서는 광범위한 질서와 연계되는데, 그 이후 세계는 어떤 특정한 위험의 시각에서 인지되며, 텔레비전 방송국 CNN 또는 미국 대통령 조지 부시가 관여하였고, 관여하는 그러한 질서와 연계가 된다.

오직 생존 의지에 따라서건, 또는 전 지구적 소비문화의 영상에 의해서건 종종 모든 위험을 감수하는 이민자들이 잘사는 국가들의 국경선에 거세게 몰려온다. 경계선이 관심의 주제가 된다. 문화과학에서는 공간의 맥락과 광경을 강조하는 "지형학적 장면" 이론이 수많은 "경계선 연구"로 나아가고 있다.(스토크하머 2005) 한쪽에서는 푸코가 "공간혁명"이라고 명명했던 공간에 대한 연구로 지구화가 나아가게 한다. 우리는 이제는 더 이상 "개인이나 사물을 단순하게 설정할 수 있는 빈 공간에서 살지 않고 있다. […] 우리는 머무는 장소를 규정하는 관계들의 어수선한 혼합의 세계에 살고 있다. 서로에게 귀착될 수도, 또한 서로가 하나가 될 수도 없는 그런 장소에서 살고 있다."(푸코 1990, 37 이하) 또 한쪽에서는 광범위한 통제 및 감시기술이 경계선의 통제검문소나 내부에서 원하지 않는 것을 가려내기 위해서 인간과 상품의 흐름을 규제하고 있다.

위험의 통치

사회학자 울리히 벡은 『위험사회』(1986)라는 그의 저서에서 위험을 또한 권력의 범주로서 분석하였다. 지속적인 위험에 노출되는 것은 인간 역사의 하나의 기본적인 경험이며, 고대로부터 위험을 만들고 동시에 구원의 수단을 제시하는 지배기술은 잘 알려져 있다. 벡 교수는 위험사회를, 현대의 기술과 경제가 특별한 위험을 제조할 뿐 아니라 위험이 처음으로 통일체로서의 사회를 어떤 일정한 양식으로 만들어내는 것으로 이해한다. 한편으로 현대의 위험은 모두에게 해당되며, 그에 상응하는 정치적 결정은 개인에게, 일상의 생활에 깊은 영향을 미친다. 다른 한편으로 위험들은 개개인으로서의 모두에게 해당한다. 이처럼 위험은 집단적이며 동시에 개별화 되어 있다. 오늘날 항공운항 수단에서 테러의 위협을 방어해야 하는 통제조치들을 아무런 불평 없이 받아들이는 사람은 스스로를 '세계위험공동체'의 구성원으로서 인정하며 동시에 권력이 자신의 행동을 규제하는 것을 받아들인다. 문제는 누가 매번 위험을 정의하는 것인가이다. 벡은 기술하기를, "마르크스에게 자본주의 사회는

'생산관계'가 본질적인 지배관계이지만, 위험사회에서는 '정의定義관계'"가 복합적인 지배관계이다. 그것은 "위험에 관한 정치가 조직화되는" 하나의 "법적, 인식론적, 문화적 권력행렬"을 형성한다.(벡 2007, 68 이하) 이러한 권력행렬을 분석하는 것이 필요한데, 그 이유는 재정치화를 위한 운신의 폭을, 또한 "반反헤게모니적인 정의定義권력"을 심사숙고하기 위해서이다.(빌링 1998, 270)

푸코는 단편으로 남은 그의 후기작에서 '통치'의 역사적 기원에 대해 몰두하였다. 통치는 전근대적인 지배통치술과는 다르게 국민을 단순히 지배하기보다는 생산적으로 훈련시키려 하는 상당히 복합적인 권력의 형태를 서술한다. 푸코는 그의 주제를 "통치의 정신세계"(2004)라는 새로운 단어로 표현하였는데, 이는 통치에 상응하는 전략들과 제도들의 총체를 의미한다. 푸코의 이 개념과 연결시키면서 통치의 정신세계에 관한 연구들은 현재 무엇보다도 사회적 위험의 새로운 권력론적인 의미에 대해 질문을 던진다. 특히 현대 생명과학기술 및 의학 분야의 발전과, 범죄와 테러라는 주제와 관련해서 질문을 제기하고 있다.(브뢰클링 2000) 이들 연구에서는 위험은 사고思考에 있어서뿐 아니라 기술적 의미에서도 실제를 구성하는 형태의 하나로서 나타난다. 그리고 푸코가 의미했던 권력의 장치로서, 즉 담론들과 제도, 결정과 규범들, 그리고 이러한 요소들 사이에 연계된 그물망으로서 나타난다.

이런 요소들의 그물망 안에서의 발생은 위험의 재생산이다. 그리고 동시에 발생은 원칙상 결정에 달려 있다. '권력의 조형'이라는 개념으로써 분석한다면—즉 하나의 관계의 변화들이 다른 관계들을 변화시키는 그러한 관계들의 결합체계 안에서의 발생으로서—, 현대의 사회과학자들에게 하나의 숙제가 주어지게 된다. 이 숙제는 기술적·경제적·사회적 그물망과 과정의 통합적 서술을 통하여 투명성을 세우고, 이를 통해 어떤 행위자가 자신과 다른 행위자를 변화시키고 움직이게 하며, 이 과정에서 문제를 성찰할 수 있는 가능한 사회적 공간을 확인하며 구축하는 일일 것이다.

이 지점에서 또 하나의 중요한 연결고리는 성별 간의 관계이다. 전 지구화 과정을 통해 기존의 틀이 점차 붕괴되는 이 관계는 새로운 방식으로 논의되고 있다. 이 점은 권력관계로서 여느 페미니즘 이론의 대상이다. 성별 간의 관계는 한편으로는 정치적·제도적·물질적·상징적 차원에서 하나의 중심적인 사회적 구조의 원칙을 이룬다. 또 다른 면에서는 인격적이며 사적인 내면의 세계와 관련된다. 이를테면 사랑, 관계 그리고 가족 같은 주제를 다룬다. 이 두 세계의 매개를 통하면서—예컨대 "조심스럽고 예절바른" 취급을 요구하면서—사회적 권력은 사적인 영역에 영향을 미친다. 예전과 마찬가지로 불평등은—서구세계의 성별 간의 기회 불평등부터 이슬람 국가들의 공적인 영역에서 여성들의 배제까지—커다란 세계 정치사의 사건 중 하나이다.

오늘날에는 역사적·사회적 산물로서의 성性인 '젠더'가 생물학적 성인 '성Sex'에 대비하여 이론적으로 관심을 얻고 있다.(말트리 1998, 305) 점차로 기존의 성역할이 와해됨으로써 차별의 상호연관성이—즉 상이한 차별의 형태들의(인종, 경제상황, 성별) 상호작용이—주목을 받고 있다. 명백한 성의 차이에서 출발한 차이이론들은 이제는 뒤 배경으로 물러났지만, 변화를 가능케 할 수 있는 '주체'에 질문을 던지기도 하며, 한편으로는 사회운동의 방향에 대한 논의의 장을 열기도 한다.

현 시대의 위험과 문제들은—정치적·경제적·기술적 발전의 방향 조정의, 정의의, 불평등의, 성별 간의 관계의 문제들—, 오늘날 하나의 커다란 기획에서 출발하기 보다는, 즉 연역적이기 보다는 오히려 귀납적으로, 말하자면 참여과정의 설정과 실현을 통하여 잘 다루어질 수 있다. 이를 위하여 유럽 정신사에서 축적된 권력 개념에 대한 지식은 하나의 필수불가결한 전제조건이다.

참고 문헌

Adorno, Theodor W. (아도르노): Soziologische Schriften I. (『사회학 문집 I』) Frankfurt/M.: Suhrkamp 1972.

_ Studien zum autoritären Charakter. (『권위적 성격에 관한 연구 I』) Frankfurt/M.: Suhrkamp 1973.

_ / Horkheimer, Max (호르크하이머): Dialektik der Aufklärung. (『계몽의 변증법』) Frankfurt/M.: Fischer 1971.

Agamben, Giorgio (아감벤): Homo sacer. Die souveräne Macht und das nackte Leben. (『주권과 발가벗은 삶 I』) Frankfurt/M.: Suhrkamp 2002.

_ Ausnahmezustand. (『비상사태』) Frankfuhrt/M.: Suhrkamp 2004.

_ Was ist ein Dispositiv? (『장치란 무엇인가?』) Zürich-Berlin: Diaphanes 2008.

Althoff, Gerd (알트호프): Die Macht der Rituale. Symbolik und Herrschaft im Mittelalter. (『의례의 힘. 중세시대의 상징과 지배』) Darmstadt: Wissenschaftliche Buchgesellschaft 2003.

Anderson, Benedict (앤더슨): Die Erfindung der Nation. Zur Karriere eines folgenreichen Konzepts. (『국민의 발견. 중요한 개념의 경력에 관하여』) Frankfurt/M.-New York: Campus 1993.

Arendt, Hannah (아렌트): Macht und Gewalt. (『권력과 폭력』) München: Piper 1970.

_ Vita activa oder Vom tätigen Leben. (『인간의 삶 또는 죽은 삶』) München: Piper 1981.

_ Elemente und Ursprünge totaler Herrschaft. (『전체주의적 지배의 요소와 기원』) München: Piper 1986.

_ Eichmann in Jerusalem. Ein Bericht von der Banalität des Bösen. (『예루살렘에서의 아이히만. 악인의 평범함에 대한 보고서』) München: Piper 2000.

Aristoteles (아리스토텔레스): Nikomachische Ethik. (『니코마코스 윤리학』) München: dtv 1972.

_ Politik. (『정치학』) Stuttgart: Reclam 1989.

Arquilla, John (아르퀼라)/ Ronfeldt, David (론펠트): Der Cyberkrieg kommt! (『사이버전쟁이 다가오고 있다!』) In: Stocker/Schöpf 1998.

Assmann, Jan (아스만)/ Harth, Dietrich (하르트) (Hg.): Kultur und Konflikt. (『문화와 갈등』) Frankfurt/M.: Suhrkamp 1990.

Augustinus, Aurelius (아우구스티누스): Vom Gottesstaat. (『신국』) Buch 11 bis 22. München: dtv 1978.

Augustus (아우구스투스): Meine Taten. (『나의 행적』) München: Heimeran 1970.

Bacon, Francis (베이컨): Neues Organ der Wissenschaften. (『신 오르가논』) Darmstadt: Wissenschaftliche Buchgesellschaft 1990.

Badiou, Alain (바듀): Gott ist tot. (『신은 죽었다』) Wien: Turia + Kant 2002.

Balke, Friedrich (발케): Der Staat nach seinem Ende. Die Versuchung Carl Schmitts. (『국가의 소멸, 그후. 칼 슈미트의 시도』) München: Fink 1996.

Bammé, Arno, u. a. (밤메): Maschinen-Menschen, Mensch-Maschinen. Grundrisse einer sozialen Beziehung. (『기계-인간, 인간-기계. 사회적 관계의 개요』) Reinbek bei Hamburg: Rowohlt 1983.

Barber, Benjamim (바버): Jihad vs. McWorld. (『이슬람 성전 대 맥도날드 세상』) New York: Ballantine 1996.

Bataille, Gerorges (바타유): Die psychologische Struktur des Faschismus. (『파시즘의 심리적 구조』) München: Matthes & Seitz 1978.

Baudrillard, Jean (보드리야르): Agonie des Realen. (『실제의 고통』) Berlin: Merve 1978.

Bayer, Erich (바이어): Griechische Geschichte in Grundzügen. (『그리스 통사』) Darmstadt: Wissenschaftliche Buchgesellschaft 1988.

Beck, Ulrich (벡): Risikogesellschaft. Auf dem Weg in eine andere Moderne. (『위험사회. 또 다른 근대의 길에서』) Frankfurt/M.: Suhrkamp 1986.

_ Weltrisikogesellschaft. Auf der Suche nach der verlorenen Sicherheit. (『세계위험사회. 잃어버린 안전을 찾아서』) Frankfurt/M.: Suhrkamp 2007.

Becker, Peter (베커): Verderbnis und Entartung. (『부패와 퇴폐』) Eine Geschichte der Kriminologie des 19. Jahrhunderts als Diskurs und Praxis. Göttingen: Vandenhoeck & Ruprecht 2002.

Berger, Peter L. (버거): Der Zwang zur Häresie. (『이단으로의 강요』) Religion in der pluralistischen Gesellschaft. Frankfurt/M.: Fischer 1980.

Berger, Wilhelm (베르거): Philosophie der technologischen Zivilisation. (『기술문명의 철학』) München: Fink 2006.

Bieling, Hans-Jürgen (빌링): Macht und Herrschaft in der Risikogesellschaft. (『위험사회의 권력과 지배』) In: Imbusch 1998.

Blockmans, Wim (블록만스): Geschichte der Macht in Europa. (『유럽의 권력사』) Frankfurt/M.-New York: Campus 1998.

Blumenberg, Hans (블루멘베르크): Arbeit am Mythos. (『신화 속의 노동』) Frankfurt/M.: Suhrkamp 1996.

Borchmeyer, Dieter (보르히마이어): Macht und Melancholie. Schillers Wallenstein. (『권력과 우울. 쉴러의 발렌슈타인 장군』) Frankfurt/M.:

Athenäum 1988.
Bourdieu, Pierre (부르디외)/ Passeron, Jean-Claude (파세론): Grundlagen einer Theorie der symbolischen Gewalt. (『상징적 폭력의 이론적 토대』) Frankfurt/M.: Suhrkamp 1973.
Breidenbach, Joana (브라이덴바흐)/ Zukrigl, Ina (추크리글): Tanz der Kulturen. Kulturelle Identität in einer globalisierten Welt. (『문화의 춤. 글로벌 세계의 문화적 동질성』) München: Kunstmann 1998.
Bröckling, Ulrich, u. a. (Hg.) (브뢰클링 외): Gouvernmentalität der Gegenwart. (『현 시대의 통치형 성향』) Frankfurt/M.: Suhrkamp 2000.
Bruno, Giordano (브루노): Über das Unendliche, das Universum und die Welten. (『무한, 우주와 세계에 관하여』) Stuttgart: Reclam 1994.
Bühl, Achim (뷜): Herrschaftsfrei und grenzenlos? (『탈지배와 무제한?』) Eine Politische Soziologie des Internet. In: Imbusch 1998.
Bulgakow, Michail (불가코프): Die verhängnisvollen Eier. (『숙명의 달걀』) Neuwied-Berlin: Luchterhand 1989.
Caillois, Roger (카이와): Der Mensch und das Heilige. (『인간과 성스러움』) München-Wien: Hanser 1988.
Canetti, Elias (카네티): Masse und Macht. (『군중과 권력』) Frankfurt/M.: Fischer 1980.
Colli, Giorgio (콜리): Die Geburt der Philosophie. (『철학의 탄생』) Frankfurt/M.: Europäische Verlagsanstalt 1981.
Dantschke, Claudia (단치케): Islam und Islamismus in Deutschland. Strömungen und Strategien. (『독일에서의 이슬람과 이슬람주의. 분파와 전략』) In: Jäger/ Link 2006.
Dawkins, Richard (도킨스): Der Gotteswahn. (『광신』) Berlin: Ullstein 2007.
Debord, Guy (드보르): Die Gesellschaft des Spektakels. (『스펙타클의 사회』) Berlin: Edition Tiamat 1996.
Delanda, Manuel (데란다): Wirtschaft, Computer und die Kriegsmaschine. (『경제, 컴퓨터와 전쟁기계』) In: Stocker/ Schöpf 1998.
Deleuze, Gilles (들뢰즈)/ Guattari, Félix (가타리): Was ist Philosophie? (『철학이란 무엇인가?』) Frankfurt/M.: Suhrkamp 1991.
Diels, Hermann (딜스): Fragmente der Vorsokratiker. (『소크라테스 이전의 단편들』) Berlin: Weidmannsche Buchhandlung 1906.
Durkheim, Emile (뒤르켐): Die elementaren Formen des religiösen Lebens. (『종교적 삶의 기본적 형식』). Frankfurt/M.: Suhrkamp 1981.
Eliade, Mircea (엘리아데): Das Heilige und das Profane. (『신성한 것과 세속적인 것』) Frankfurt/M.: Suhrkamp 1995.
Elias, Norbert (엘리아스): Die höfische Gesellschaft. Untersuchungen zur

Soziologie des Königtums und der höfischen Aristokratie. (『궁중사회. 왕궁과 궁중귀족의 사회에 대한 일 연구』) Neuwied-Berlin: Luchterhand 1969.

Engels, Friedrich (엥겔스): Herrn Eugen Dührings Umwälzung der Wissenschaft (=MEW Bd. 20). 〔『오이겐 뒤링의 학문의 변혁』(마르크스-엥겔스 『전집』 20권)〕 Berlin: Dietz 1981.

Epiktet (에픽테토스): Handbüchlein der Moral. (『도덕편람』) In: Weinkauf, Wolfgang (바인카우프): Die Philosophie der Stoa. (『스토아 철학』) Ausgewählte Texte. Stuttgart: Reclam 2001.

Feuerbach, Ludwig (포이어바흐): Das Wesen des Christentums. (『기독교의 본질』) Stuttgart: Reclam 1974.

Flasch, Kurt (플라슈): Einführung in die Philosophie des Mittelalters. (『중세철학입문』) Darmstadt: Wissenschaftliche Buchgesellschaft 1987.

Flusser, Vilém (플루서): Die Geschichte des Teufels. (『악마의 역사』) Göttingen: European Photographie 1996.

Foucault, Michel (푸코): Die Ordnung der Dinge. (『사물의 질서』) Frankfurt/M.: Suhrkamp 1974.

_ Überwachen und Strafen. (『감시와 처벌』) Frankfurt/M.: Suhrkamp 1976.

_ Dispositive der Macht. (『권력의 장치』) Berlin: Merve 1978.

_ Sexualität und Wahrheit. Der Wille zum Wissen. (『성과 진실. 지식에의 의지』) Frankfurt/M.: Suhrkamp 1979.

_ Archäologie des Wissens. (『지식의 고고학』) Frankfuhrt/M.: Suhrkamp 1981.

_ Freiheit und Selbstsorge. (『자유와 자기배려』) Frankfurt/M.: Materialis 1985.

_ Der Gebrauch der Lüste. (『쾌락의 활용』) Frankfurt/M.: Suhrkamp 1986.

_ Andere Räume. (『다른 공간』) In: Barck, Karlheinz, u. a. (Hg.): Aisthesis. Wahrnehmung heute oder Perspektiven einer anderen Aesthetik. Leipzig: Reclam 1990.

_ In Verteidigung der Gesellschaft. (『사회를 옹호하며』) Frankfurt/M.: Suhrkamp 1999.

_ Geschichte der Gouvernementalität I und II. (『지배성향의 역사 1, 2』) Frankfurt/M.: Suhrkamp 2004.

Franck, Georg (프랑크): Oekonomie der Aufmerksamkeit. (『주목의 경제』) München-Wien: Hanser 1998.

Freire, Paolo (프레이리): Unterdrückung und Befreiung. (『억압과 해방』). Münster: Waxmann 2007.

Freud, Sigmund (프로이트): Massenpsychologie und Ich-Analyse (=Studienausgabe Bd. 9). 〔『대중심리와 자아분석』(『연구총서 9권』)〕

Frankfurt/M.: Fischer 1982a.
_ Totem und Tabu (=Studienausgabe Bd. 9). 〔『토템과 타부』(『연구총서 9권』)〕 Frankfurt/M.: Fischer 1982b.
Frey, Siegfried (프레이): Die Macht des Bildes. (『그림의 힘』) Bern: Huber 2007.
Galilei, Galileo (갈릴레이): Il Saggiatore. (『분석』) Milano: Feltrinelli 1992.
Gehlen, Arnold (겔렌): Die Seele im technischen Zeitalter. (『기술시대의 영혼』) Reinbek bei Hamburg: Rowohlt 1957.
_ Die Säkularisierung des Fortschritts (=Gesamtausgabe Bd. 7). 〔『진보의 세속화』(총서 7권)〕 Frankfurt/M.: Suhrkamp 1978.
Gellner, Ernest (겔너): Nationalismus und Moderne. (『민족주의와 근대』) Berlin: Rotbuch 1991.
Gentile, Giovanni (젠틸레): Grundlagen des Faschismus. (『파시즘의 토대』) Köln: Petrarca-Haus 1936.
Gerschlager, Caroline (게르쉴라거)/ Paul-Horn, Ina (파울-호른) (Hg.): Gestaltung des Geldes. (『돈의 형성』) Marburg: Metropolis 2000.
Giedion, Sigfried (기드온): Die Herrschaft der Mechanisierung. Ein Beitrag zur anonymen Geschichte. (『기계화의 지배. 익명의 역사』) Frankfurt/M.: Athenäum 1987.
Giesing, Benedikt (기싱): Religion und Gemeinschaftsbildung. (『종교와 공동체』) Max Webers kulturvergleichende Theorie. Opladen: Leske + Budrich 2002.
Greenblatt, Stephen (그린블라트): Wunderbare Besitztümer. (『놀라운 소유』) Die Erfindung des Fremden: Reisende und Entdecker. Berlin: Wagenbach 1994.
Greven, Michael T. (그레벤): Macht in der Demokratie (『민주주의에서의 권력』)— Anathema in Politikwissenschaft als Demokratiewissenschaft und empirischer Politikwissenschaft. In: ders. (Hg.): Macht in der Demokratie. Baden-Baden: Nomos 1991.
Habermas, Jürgen (하버마스): Technik und Wissenschaft als "Ideologie". (『'이데올로기'로서의 기술과 학문』) Frankfurt/M.: Suhrkamp 1968.
_ Theorie des kommunikativen Handelns. 2 Bde. (『의사소통 행위이론』 2권) Frankfurt/M.: Suhrkamp 1981.
_ Die Zukunft der menschlichen Natur. Auf dem Weg zu einer liberalen Eugenetik? (『인간 본성의 미래. 자유주의적 우생학에 이르는 길?』) Frankfurt/M.: Suhrkamp 2001.
Hardt, Michael (하트)/ Negri, Antonio (네그리): Empire. (『제국』) Frankfurt/M.: Campus 2002.

_ Multitude. (『군중』) Frankfurt/M.: Campus 2004.

Hegel, Georg Wilhelm Friedrich (헤겔): Enzyklopädie der philosophischen Wissenschaften (=Werke Bd. 10). 〔『철학백과사전』(『헤겔전집 10권』)〕 Frankfurt/M.: Suhrkamp 1970.

_ Grundlinien der Philosophie des Rechts. (『법철학강요』) Frankfurt/M.-Berlin-Wien: Ullstin 1972.

_ Jenaer Realphilosophie. (『예나철학』) In: ders.: Frühe politische Systeme. (『초기정치제도』) Frankfurt/M.-Berlin-Wien: Ullstein 1974.

Heidegger, Martin (하이데거): Identität und Differenz. (『동질성과 차이』) Pfullingen: Neske 1957.

_ Über den Humanismus. (『휴머니즘에 관하여』) In: ders.: Platons Lehre von der Wahrheit. Mit einem Brief über den "Humanismus". Bern-München: Francke 1975.

_ Neitzsches Wort "Gott ist tot". (『니체의 말 "신은 죽었다"』) In: ders.: Holzwege. Frankfurt/M.: Klostermann 1980.

_ Einführung in die Metaphysik. (『형이상학 입문』) Tübingen: Niemeyer 1987.

Heinrich, Klaus (하인리히): Versuch über die Schwierigkeit nein zu sagen. (『아니오라고 말하기 어려운 것에 관하여』) Basel u. a.: Stroemfeld 1982.

Hengstschlaeger, Markus (헹스트슐레거): Die Macht der Gene. (『유전자의 권력』) Salzburg: Ecowin 2008.

Hepp, Rolf-Dieter (헤프): Die symbolische Macht der Zeichen. (『기호의 상징적 권력』) Wien: INST 2004.

Hermann, Armin (헤르만): Als die Wissenschaft ihre Unschuld verlor. (『학문이 무오류성을 잃어버리면』) Macht und Mißbrauch der Forscher. Stuttgart: Deutsche Verlagsanstalt 1982.

Hesiod (헤시오도스): Theogonie. Werke und Tage. (『신(神)계보학. 일과 나날』) Darmstadt: Wissenschaftliche Buchgesellschaft 1997.

Hildebrandt, Mathias, u. a. (힐데브란트 외) (Hg.): Säkularisierung und Resakralisierung in westlichen Gesellschaften. (『서구사회의 세속화와 재신성화』) Wiesbaden: Westdeutscher Verlag 2001.

Hobbes, Thomas (홉스): Vom Menschen. (『인간에 관하여』) Hamburg: Meiner 1966a.

_ Leviathan. (『리바이어던』) Frankfurt/M.: Suhrkamp 1966b.

Hoeges, Dirk (회게스): Niccolò Machiavelli. (『마키아벨리』) Die Macht und der Schein. München: Beck 2000.

Hoepfner, Wolfram (회프너)/ Zimmer, Gerhard (침머) (Hg.): Die griechische Polis. Architektur und Politik. (『그리스 사회. 건축과 정치』) Tübingen: Ernst

Wasmuth 1993.
D'Holbach, Paul Henri Thiry Baron (올바크): Religionskritische Schriften. (『종교비판문집』) Berlin: Aufbau 1970.
Honegger, Claudia (Hg.) (호네거): Die Hexen der Neuzeit. (『근대의 마녀』) Studien zur Sozialgeschichte eines kulturellen Deutungsmusters. Frankfurt/M.: Suhrkamp 1978.
Honneth, Axel (호네트): Kritik der Macht. (『권력 비판』) Reflexionsstufen einer kritischen Gesellschaftstheorie. Frankfurt/M.: Suhrkamp 1985.
Horkheimer, Max (호르크하이머): Zur Kritik der instrumentellen Vernunft. (『도구적 이성 비판』) Frankfurt/M.: Athenäum 1974.
Imbusch, Peter (임부쉬) (Hg.): Macht und Herrschaft. (『권력과 지배』) Sozialwissenschaftliche Konzeptionen und Theorien. Opladen: Leske + Budrich 1998.
Jaeger, Werner (예거): Die Theologie der frühen griechischen Denker. (『초기 그리스 사상가의 신학』) Stuttgart: Kohlhammer 1953.
Jäger, Margarete (예거)/ Link, Jürgen (링크) (Hg.): Macht-Religion-Politik. (『권력-종교-정치』) Zur Renaissance religiöser Praktiken und Mentalitaeten. Münster: Unrast 2006.
Jungk, Robert (융크): Der Atom-Staat. (『원자력 제국』) München: Kindler 1977.
Kant, Immanuel (칸트): Kritik der reinen Vernunft (= Werkausgabe Bd. 3). 〔『순수이성비판』(『전집』 3권)〕 Frankfurt/M.: Suhrkamp 1968a.
_ Kritik der Urteilskraft (= Werkausgabe Bd. 10). 〔『판단력비판』(『전집』 10권)〕 Frankfurt/M.: Suhrkamp 1968b.
_ Beantwortung der Frage: Was ist Aufklärung? (= Werkausgabe Bd. 11). 〔『'계몽이란 무엇인가?'라는 질문에 대한 답변』(『전집』 11권)〕 Frankfurt/M.: Suhrkamp 1968c.
Kermani, Navid (케르마니): Märtyrertum als Topos politischer Selbstdarstellung in Iran. (『상투적인 정치적 자기표현으로서의 순교』) In: Soeffner/ Tänzler 2002.
Klemperer, Victor (클렘페러): Ich will Zeugnis ablegen bis zum letzten. Tagebücher 1933-1945. (『마지막까지 증거를 제시할 것이다. 1933-1945년 일기장』) Berlin: Aufbau 1995.
_ LTI. Notizbuch eines Philologen. (『언어메모장』) Leipzig: Reclam 1998.
Koestler, Arthur (쾨스틀러): Sonnenfinsternis. (『태양의 환영』) Wien: Europa 1978.
Kondylis, Panajotis (콘딜리스): Der Philosoph und Macht. Eine Anthologie. (『철학자와 권력. 명작선집』) Hamburg: Junius 1992.

Koyré, Alexandre (쿠아레): Von der geschlossenen Welt zum unendlichen Universum. (『닫힌 세계에서 무한한 우주로』) Frankfurt/M.: Suhrkamp 1980.

Laktanz (락탄티우스): Vom Zorne Gottes. (『신의 분노』) Darmstadt: Wissenschaftliche Buchgesellschaft 1983.

La Mettrei, Julien Offray de (라 메트리): Der Mensch als Maschine. (『기계로서의 인간』). Nürnberg: LSR 1985.

Latour, Bruno (라투르): Die Hoffnung der Pandora. (『판도라의 희망』) Untersuchungen zur Wirklichkeit der Wissenschaft. Frankfurt/M.: Suhrkamp 2000.

Lea, Henry Charles (리): Die Inquisition. (『종교재판』) Nördlingen: Greno 1985.

Le Bon, Gustave (르 봉): Psychologie der Massen. (『대중의 심리학』) Stuttgart: Kröner 1982.

Leibniz, Gottfried Wilhelm (라이프니츠): Die Theodizee. (『변신론』) Hamburg: Meiner 1968.

Lemke, Thomas (렘케): Eine Kritik der politischen Vernunft. Foucaults Analyse der modernen Gouvernementalität. (『정치이성비판. 근대 지배성향에 대한 푸코의 분석』). Hamburg: Argument 1997.

_ Die Regierung der Risiken. (『위험의 관리』) Von der Eugenik zur genetischen Gouvernementalität. In: Bröckling 2000.

Levi, Primo (레비): Die Untergegangenen und die Geretteten. (『죽은 자와 산 자』) München-Wien: Hanser 1990.

Liessmann, Konrad Paul (리스만) (Hg.): Die Kanäle der Macht. Herrschaft und Freiheit im Medienzeitalter. (『권력의 경로들. 미디어 시대의 지배와 자유』) Wien: Zsolnay 2003.

Lübbe, Hermann (뤼베): Säkularisierung. Geschichte eines ideenpolitischen Begriffs. (『세속화. 정치이념사』) Freiburg/Br.-München: Alber 1965.

Luckmann, Thomas (루크만): Die unsichtbare Religion. (『보이지 않는 종교』) Frankfurt/M.: Suhrkamp 1991.

Luhmann, Niklas (루만): Klassische Theorie der Macht. Kritik ihrer Prämissen. (『권력의 고전이론. 전제에 관한 비판』) In: Zeitschrift für Politik 16, 1969.

_ Macht. (『권력』) Stuttgart: Enke 1975.

_ Macht und System. (『권력과 체계』) Ansätze zur Analyse von Macht in der Politikwissenschaft. In: Universitas 32, 1977.

_ Soziale systeme. Grundriβ einer allgemeinen Theorie. (『사회체계. 일반이론강요』) Frankfurt/M.: Suhrkamp 1987.

_ Die Wirtschaft der Gesellschaft. (『사회의 경제』) Frankfurt/M.: Suhrkamp

1996.
Lyotard, Jean-François (리오타르): Das postmoderne Wissen. (『탈근대적 지식』) Graz-Wien: Böhlau 1986.
_ Der Widerstreit. (『논쟁』) München: Fink 1987.
Machiavelli, Niccolò (마키아벨리): Der Fürst. (『군주론』) Frankfurt/M.: Insel 2001.
Maltry, Karola (말트리): Machtdiskurs und Herrschaftskritik im Feminismus. (『페미니즘에서의 권력담론과 지배비판』) In: Imbusch 1998.
Mann, Michael (만): Geschichte der Macht. (『권력의 역사』) Bd. 1. (전집 1권).: Von den Anfängen bis zur griechischen Antike. Frankfurt/M.-New York: Campus 1990.
_ Geschichte der Macht. (『권력의 역사』) Bd. 2. (전집 2권): Vom Römischen Reich bis zum Verabend der Industrialisierung. Frankfurt/M.-New York: Campus 1991.
Marcus Aurelius (마르쿠스 아우렐리우스): Selbstbetrachtungen. (『명상록』) Stuttgart: Kröner 1973.
Maresch, Rudolf (마레쉬)/ Werber, Nils (베르버): Performanzen des Raumes. (『공간의 구성』) In: dies. (Hg.): Raum-Wissen-Macht. (『공간-지식-권력』) Frankfurt/M.: Suhrkamp 2002.
Marinetti, Filippo Tommaso (마리네티): Manifest des Futurismus (1909). ('미래주의 선언') In: Schmidt-Bergmann 1993.
_ Technisches Manifest der futuristischen Literatur (1912). ('미래학문헌의 기술적 선언') In: Schmidt-Bergmann 1993.
Marx, Karl (마르크스): Grundrisse der Kritik der politischen Oekonomie. (『정치경제학 비판강요』) Berlin: Dietz 1974.
_ / Engels, Friedrich (엥겔스): Die deutsche Ideologie (= Marx-Engels-Werke Bd. 3). 〔『독일이데올로기』(마르크스-엥겔스 『전집』 3권)〕 Berlin: Dietz 1981a.
_ Oekonomisch-philosophische Manuskripte (=MEW Erg. -Bd.). (『경제학-철학 수고』 증보판 전집) Berlin: Dietz 1981b.
_ Kritik der Hegelschen Rechtsphilosoghie (=MEW Bd. I). (『전집』 1권) Berlin: Dietz 1981c.
_ Thesen über Feuerbach (= MEW Bd. 3). (『전집』 3권) Berlin: Dietz 1981d.
_ Das Kapital. Erster Band (=MEW Bd. 23). (『전집』 23권) Berlin: Dietz 1981e.
_ Das Kapital. Dritter Band (=MEW Bd. 25). (『전집』 25권) Berlin: Dietz 1981f.
Mayer, Ruth (마이어)/ Terkessidis, Mark (테르케시디스) (Hg.): Globalkolorit.

Multikulturalismus und Populärkultur. (『글로벌 음악. 다문화주의와 대중문화』) St. Andrä-Wördern: Hannibal 1998.

McLuhan, Marshall (맥루한)/ Fiore, Quentin (피오레): Das Medium ist Message. (『미디어는 메시지다』) Frankfurt/M.: Ullstein 1984.

McNeill, William H. (맥닐): Krieg und Macht. (『전쟁과 권력』) München: Beck 1984.

Mörchen, Hermann (뫼르헨): Macht und Herrschaft im Denken von Heidegger und Adorno. (『하이데거와 아도르노 사상에서의 권력과 지배』) Stuttgart: Klett-Cotta 1980.

Moscovici, Serge (모스코비치): Versuch über die menschliche Geschichte der Natur. (『자연과 인간의 역사』) Frankfurt/M.: Suhrkamp 1990.

Mosse, George L. (모세): Die Nationalisierung der Massen. (『대중의 국민화』) Frankfurt/M.-Berlin: Ullstein 1976.

Mumford, Lewis (멈퍼드): Mythos der Maschine. Kultur, Technik und Macht. (『기계의 신화. 문화, 기술과 권력』) Wien: Europa 1974.

Nancy, Jean-Luc (낭시): Die undarstellbare Gemeinschaft. (『묘사할 수 없는 공동체』) Stuttgart: Edition Patricia Schwarz 1988.

Neuenhaus, Petra (노이엔하우스): Max Weber. Amorphe Macht und Herrschaftsgehäuse. (『막스 베버. 무정형의 권력과 지배의 그릇』) In: Imbusch 1998.

Nietzsche, Friedrich (니체): Die Philosophie im tragischen Zeitalter der Griechen. (『그리스 비극 시대의 철학』) (=Werke Bd. 3, hg. von Karl Schlechta). Frankfurt/M.-Berlin-Wien: Ullstein 1981a.

__ Jenseits von Gut und Böse (『선과 악을 넘어서』) (=Werke Bd. 2, hg. von Karl Schlechta). Frankfurt/M.-Berlin-Wien: Ullstein 1981b.

__ Aus dem Nachlass der Achtzigerjahre (『80주년 기념』) (=Werke Bd. 3, hg. von Karl Schlechta). Frankfurt/M.-Berlin-Wien: Ullstein 1981c.

Nitzschke, Bernd (니츠슈케): Die Zerstörung der Sinnlichkeit. (『감각적인 것의 파괴』). München: Kindler 1974.

Ockham, Wilhelm von (오컴): Texte zu Theologie und Ethik. (『신학과 윤리학 텍스트』) Stuttgart: Reclam 2000.

Ortega y Gasset, José (오르테가 이 가세트): Der Aufstand der Massen. (『대중의 봉기』) Stuttgart: Deutsche Verlagsanstalt 1989.

Pauen, Michael (파우엔): Gottes Gnade-Bürgers Recht. (『신의 은총-시민의 권리』) In: Imbusch 1998.

Platon (플라톤): Gorgias (=Sämtliche Werke Bd. 1). 〔『고르기아스』(『총서』 1권)〕 Reinbek bei Hamburg: Rowohlt 1957.

__ Politeia (=Sämtliche Werke Bd. 3). 〔『국가』(『총서』 3권)〕 Reinbek bei

Hamburg: Rowohlt 1958.

Plessner, Helmuth (플레스너): Macht und menschliche Natur. (『권력과 인간의 본성』) Ein Versuch zur Anthropologie der geschichtlichen Weltansicht (1931). In: ders.: Macht und menschliche Natur (=Gesammelte Schriften Bd. 5). Frankfurt/M.: Suhrkamp 2003.

Popitz, Heinrich (포피츠): Phänomene der Macht. (『권력현상』) Tübingen: Mohr 1992.

Ptassek, Peter, u. a. (프타섹 외): Macht und Meinung. (『권력과 의견』) Die rhetorische Konstitution der politischen Welt. Göttingen: Vandenhoeck & Ruprecht 1992.

Raab, Jürgen u. a. (라프 외): Die Aesthetisierung von Politik im Nationalsozialismus. (『독일 나치즘에서 정치의 미화』) Religionssoziologische Analyse einer Machtfiguration. In: Soeffner/Tänzler 2002.

Ratzel, Friedrich (라첼): Politische Geographie. (『정치지리학』) München-Berlin: Oldenbourg 1903.

Reinhardt, Karl (라인하르트): Vermächtnis der Antike. (『고대의 유산』) Göttingen: Vandenhoeck & Ruprecht 1960.

Rheinberger, Hans-Jörg (라인베르거): Experimentalsysteme und epistemische Dinge. (『실험체계와 인식적 사물』) Göttingen: Wallstein 2001.

Rigotti, Francesca (리고티): Die Macht und ihre Metaphern. Über die sprachlichen Bilder der Politik. (『권력과 은유. 정치의 언어적 형상에 관하여』) Frankfurt/M.: Campus 1994.

Robertson, Roland (로버트슨): Globalization. Social Theory and Global Culture. (『세계화. 사회이론과 글로벌 문화』) London: Sage Publ. 1992.

Ropohl, Günter (로폴): Eine Systemtheorie der Technik. (『기술의 체계이론』) Zur Grundlegung der Allgemeinen Technologie. München-Wien: Hanser 1979.

Rothschild, Emma (로스차일드): Adam Smith and the Invisible Hand. (『아담 스미스와 보이지 않는 손』) In: The American Economic Review, May 1994.

Rousseau, Jean-Jacques (루소): Vom Gesellschaftsvertrag oder Grundsätze des Staatsrechts. (『사회계약론 또는 권리의 기본』) Stuttgart: Reclam 1977.

Russel, Bertrand (러셀): Macht. (『권력』) Wien: Europa 1973.

Schadewaldt, Wolfgang (샤데발트): Die Anfänge der Philosophie bei den Griechen.(『그리스 철학의 기원』) Frankfurt/M.: Suhrkamp 1978.

Schell, Jonathan (셸): Die Bombe im Kopf. (『머리 위의 폭탄』) In: Lettre International 80, Frühjahr 2008.

Schivelbusch, Wolfgang (쉬벨부시): Geschichte der Eisenbahnreise. (『철도의 역사』) Zur Industrialisierung von Raum und Zeit im 19. Jahrhundert. Frankfurt/M.-Berlin-Wien: Ullstein 1979.

Schmidt-Bergmann, Hansgeorg (슈미트-베르그만): Futurismus. Geschichte, Aesthetik, Dokumente. (『미래학. 역사, 미학, 자료』) Reinbek bei Hamburg: Rowohlt 1993.

Schmitt, Carl (슈미트): Politische Theologie. (『정치적 신학』) Vier Kapitel zur Lehre von der Souveränität. Berlin: Duncker & Humblot 1934.

_ Der Begriff des Politischen. (『정치적인 것의 개념』) Berlin: Duncker & Humblot 1963.

Schulz-Schaeffer, Ingo (슐츠-쉐퍼): Sozialtheorie der Technik. (『기술의 사회이론』) Frankfurt/M.-New York: Campus 2000.

Schütz, Erhard (쉬츠)/ Gruber, Eckhard (그루버): Mythos Reichsautobahn. (『독일제국 고속도로의 신화』) Bau und Inszenierung der "Straβen des Führers" 1933-1941. Berlin: Ch. Links 1996.

Serres, Michel (세르): Vorwort. (『서문』) In: ders. (Hg.): Elemente einer Geschichte der Wissenschaften. (『학문역사의 요소』) Frankfurt/M.: Suhrkamp 1994.

Simmel, Georg (짐멜): Soziologie. (『사회학』) Leipzig: Duncker & Humblot 1908.

_ Philosophie des Geldes. (『돈의 철학』) Berlin: Duncker & Humblot 1987.

_ Die Religion (=Gesamtausgabe Bd. 10). 〔『종교』(『총서』 10권)〕. Frankfurt/M.: Suhrkamp 1995.

_ Zur Soziologie der Religion. (『종교사회학』) In: Gabriel, Karl/ Reuter, Hans-Richard (Hg.): Religion und Gesellschaft. Paderborn: Schöningh 2004.

Sloterdijk, Peter (슬로터다이크)/ Macho, Thomas (마호)(Hg.): Weltrevolution der Seele. (『영혼의 세계혁명』) München: Artemis & Winkler 1991.

Smith, Adam (스미스): Eine Untersuchung über Natur und Wesen des Volkswohlstandes. (『국민행복의 본성과 본질에 관한 일 연구』) Jena: Fischer 1923.

_ Theorie der ethischen Gefühle. (『윤리적 감정이론』) Hamburg: Meiner 1985.

Soeffner, Hans Georg (쇠프너)/ Tänzler, Dirk (탠츨러) (Hg.): Figurative Politik. Zur Performanz der Macht in der modernen Gesellschaft. (『형상적 정치. 근대사회에서의 권력의 수행』) Opladen: Leske + Budrich 2002.

Sofsky, Wolfgang (소프스키): Die Ordnung des Terrors: Das Konzentrationslager. (『테러의 질서. 강제수용소』) Frankfurt/M.: Fischer

1993.
__ / Paris, Rainer (파리스): Figurationen sozialer Macht. Autorität-Stellvertretung-Koalition. (『사회적 권력의 형성. 권위-대표-연합』) Opladen: Leske + Budrich 1991.

Spinoza, Baruch de (스피노자): Die Ethik. (『윤리학』) Stuttgart: Kröner 1976.

Stocker, Gerfried (슈토커)/ Schöpf, Christine (쇠프) (Hg.): Information. Macht. Krieg. (『정보. 권력. 전쟁』) Wien-New York: Springer 1998.

Stockhammer, Robert (스토크하머) (Hg.): TopoGraphien der Moderne. (『현대성의 해부』) München: Fink 2005.

Strotzka, Hans (스트로츠카): Macht. Ein psychoanalytischer Essay. (『권력. 심리학적 에세이』) Wien: Zsolnay 1985.

Sueton (수에토니우스): Cäsarenleben. (『황제들의 생애』) Stuttgart: Kröner 1986.

Sutter, Alex (수터): Göttliche Maschinen. Die Automaten für Lebendiges bei Descartes, Leibniz, La Mettrie und Kant. (『신적인 기계. 데카르트, 라이프니츠, 라 메트리와 칸트에 있어서 살아 있는 것을 위한 자동기계』) Frankfurt/M.: Athenäum 1988.

Taureck, Bernhard H. F. (타우렉): Die Sophisten. (『소피스트들』) Hamburg: Junius 1995.

Thukydides (투키디데스): Der Peloponnesische Krieg. (『펠레폰네소스 전쟁』) Stuttgart: Reclam 2000.

Tönnies, Ferdinand (퇴니스): Gemeinschaft und Gesellschaft. (『공동사회와 이익사회』) Grundbegriffe der reinen Soziologie. Darmstadt: Weissenschaftliche Buchgesellschaft 1988.

Ullmann, Walter (울만): Die Machtstellung des Papsttums im Mittelalter. (『중세시대의 교황권의 확립』) Graz-Wien-Köln: Styria 1960.

Unger, Frank (웅거): Die USA-Supermacht wiedergeborenner Christen? (『미국-재탄생한 기독교의 거대권력?』) In: Jäger/ Link 2006.

Vernant, Jean-Pierre (베르낭): Die Entstehung des griechischen Denkens. (『그리스 사상의 기원』) Frankfurt/M.: Suhrkamp 1982.

Vidal-Naquet, Pierre (비달-나케): Der schwarze Jaeger. Denkformen und Gesellschaftsformen in der griechischen Antike. (『검은 포수. 그리스 고대문명의 사고와 사회형태』) Frankfurt/M.-New York: Campus 1989.

Virilio, Paul (비릴리오): Der Staatsstreich der Medien. (『미디어의 쿠테타』) In: Stocker/ Schöpf 1998.

Volpe, Heimo (볼페): Die Macht der Bilder. (『그림의 힘』) Der 11. September 2001 im Kontext weltpolitischer Wirklichkeit. Universität Klagenfurt: Diplomarbeit 2003.

Weber, Max (베버): Wirtschaft und Gesellschaft. Grundriß der verstehenden Soziologie. (『경제와 사회. 해석사회학강요』) Tübingen: Mohr 1972.

_ Wissenschaft als Beruf. (『직업으로서의 학문』) In: ders.: Gesammelte Aufsätze zur Wissenschaftslehre. Tübingen: Mohr 1973.

_ Die protestantische Ethik. (『프로테스탄트의 윤리』) Hamburg: Siebenstern 1975.

_ Wirtschaft und Gesellschaft. (『경제와 사회』) Tübingen: Mohr 1980.

Weizenbaum, Joseph (바이젠바움): Die Macht der Computer und die Ohnmacht der Vernunft. (『컴퓨터의 힘과 이성의 무기력』) Frankfurt/M.: Suhrkamp 1977.

Zanker, Paul (잔커): Augustus und die Macht der Bilder. (『아우구스투스와 회화의 힘』) München: Beck 1990.

Zimmer, Heinrich (침머): Philosophie und Religion Indiens. (『인도의 철학과 종교』) Frankfurt/M.: Suhrkamp 1994.

Zimmerman, Louis Jacques (침머만): Geschichte der theoretischen Volkswirtschaftslehre. (『국민경제이론의 역사』) Köln: Bund 1967.

Zuckermann, Moshe (주커만): Religion und Staat in Israel. (『이스라엘의 종교와 국가』) In: Jäger/ Link 2006.

인명 색인